TEDトーク
世界最高のプレゼン術

ジェレミー・ドノバン
中西真雄美訳

HOW TO DELIVER A TED TALK
Secrets of the World's Most Inspiring Presentations

JEREMEY DONOVAN

新潮社

TEDトーク　世界最高のプレゼン術

目次

第1章 TEDの使命 11
TEDを彩る並外れた才能、驚きのストーリー 12
普通の人でも、感動のスピーチができる 14
「TEDの十戒」から、何をどう学ぶか 16

第I部 内容・ストーリー・構成

Part I
CONTENT,
STORY,
&
STRUCTURE

第2章 トピックを選ぶ 23
核となるひとつのアイデアで勝負 24
相手の心を動かす近道 27
オバマ演説に学ぶ、コアメッセージの作り方 29
要点 32

第3章 キャッチフレーズを作る 35
「何のために」を最初に、「何をするか」は最後に語れ 36
アイデアは短いキャッチフレーズで伝えよう 38
対照的な2文は並べる順序が大切 43
要点 45

第4章 スピーチを成功させる「紹介」の秘訣 47
スピーチを活かす「紹介」の極意 50
必ず自分の紹介原稿を用意する 53
紹介とスピーチのトーンをシンクロさせる 55
要点 56

第5章 スピーチのはじめ方 59
オープニングであなたのパーソナル・ストーリーを語る 60
聴衆をドキッとさせて、心をつかめ 64
効果的なのは「なぜ」ではじまる質問 67
プレオープニングで会場のテンションをコントロール 71
絶対に役に立つ「3つの○○」 75

オープニングでやってはいけないこと 78
要点 82

第6章 スピーチの本論とつなぎ 85
聴衆をつなぎとめる〝焦らし〟のテクニック 87
メインパートは3つのセクションで 89
スピーチの構造は3つのタイプから 90
論理的な事実と感情に訴えるストーリーの組み合わせ 93
話題の移動には時間とテクニックを使おう 97
要点 100

第7章 スピーチの締め方 103
締めくくりでやるべきこと、やってはいけないこと 104
終わりが近いことを明確に知らせる 107
締めくくりをめぐる〝永遠の論争〟 110
要点 112

HOW TO
DELIVER
A TED TALK

第8章 ストーリーを語る 115
五感に訴える表現で、〝語らずに示せ〟 117
決して語り手がヒーローになるな 119
キャラクターを上手く使い、聴衆をストーリーに引き込む 121
「苦難を克服」で、聴衆を心の旅に連れて行こう 125
要点 129

第Ⅱ部 伝え方とスライドデザイン
Part II DELIVERY & DESIGN

第9章 スピーチを成功させる言葉の使い方 133
小学6年生が理解できるレベルの言葉で 134
「えーっと」「あのー」を防ぐには 136

つねに「あなた」という言葉を使おう 138
要点 141

第10章 スピーチにユーモアを盛り込もう 143
自虐ギャグを放て、大げさに話せ、権威をこき下ろせ 145
ジョークの頻度は1分間にひとつ 149
笑いを取る秘訣は、より多くのジョークを試すこと 151
要点 153

第11章 身体を使ったコミュニケーション 155
基本は両腕を楽にして身体の脇に下ろしておく 156
棒立ちにならないよう自然なジェスチャーで 158
笑顔を絶やさず、まっすぐに立ち、聴衆とアイコンタクト 160
ステージ上を動く際のテクニックと注意点 163
要点 167

第12章 印象的なビジュアル効果 169
スライドは画像を主体に、シンプルに 171
〝ゴーディン・メソッド〟と〝高橋メソッド〟 172
あなたのメッセージに合った書体を選ぶ 175
スライド「3分の1」法則を活用しよう 180
要点 182

第13章 恐怖心を克服しよう 185
会場へは早めに到着して下見を済ます 187
冒頭は暗記し、概要を書いたメモを用意する 188
要点 191

第14章 本を置いて話しはじめよう 193
訳者あとがき 195

HOW TO DELIVER A
TED TALK
by
Jeremey Donovan

Japanese translation published by arrangement with
Jeremey Donovan c/o Eric Yang Agency Inc.
through
The English Agency(Japan)Ltd.

TEDトーク　世界最高のプレゼン術

第1章

TEDの使命

CHAPTER 1

SPREAD YOUR IDEAS

TEDビデオを見たことがありますか？「もちろん、夢中になって見ています」

そう答えるあなたなら、はじめて見たときの印象を鮮明に覚えているはずです。

純粋なインスピレーションに満ちた18分間。

TEDの使命は、世の中に広める価値のあるアイデアを伝えること。そして、その伝道師ともいうべきプレゼンターは期待を裏切ることがありません。あまりなじみのない名前かもしれませんが、ケン・ロビンソン卿[*1]、ジル・ボルト・テイラー[*2]、そのほか大勢のプレゼンターたちが、強いインパクトを与える内容と優れたプレゼン技術、ビジュアル効果を最大限に活かしたスライドによって聴衆を魅了し、その数を増やしつづけています。

TEDを彩る並外れた才能、驚きのストーリー

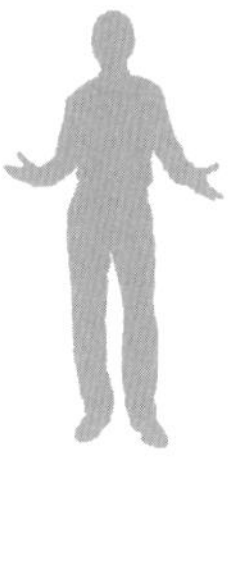

まだ1度もTEDビデオを見たことがないという人のために、TEDについて少し説明しておきましょう。TEDとは、テクノロジー、エンターテインメント、デザインの3つの分野から感動や衝撃をもたらすアイデアを紹介し、広めていくことを目的とした非営利組織（NPO）です。TEDにはさまざまな事業がありますが、なかでも広く知られているのが、会員だけが参加できるカンファレンスと、プレゼンテーション動画のインターネット無料配信です。つまり、とても閉鎖的な一面〈カンファレンス〉と開放的な一面〈インターネット〉の両方を併せもっているのです。

すでに充分な数のTEDビデオを見た方なら、TEDのステージに立つという栄誉を与えられたプレゼンターには、2つのまったく異なるタイプがあることにお気づきでしょう。第1のタイプは、驚くべき偉業を果たした人たち、あるいは並外れた才能に恵まれた人たち。第2のタイプは、自分の身に起こった驚きのストーリーを語ってくれる人たち。そう、みなさんや私と同じ普通の人たちです。

プラナフ・ミストリー[*3]やデイビッド・ガロ[*4]といった人たちは、〝驚くべき偉業を果たした〟カテゴリーに属します。海洋生物学者のデイビッド・ガロは、深海に棲む生物の驚愕の映像で聴衆の心をとりこにしました。

MIT（マサチューセッツ工科大学）メディアラボの天才、プラナフ・ミストリーはインターネットが日常のあらゆるシーンに組み込まれた未来のデータ通信の世界をのぞかせてくれます。彼の〝第六感〟テクノロジーは、スマートフォンと繋いだ状態で着用するカメラとプロジェクターで構成され、手のひらに電話のキーパッドを映しだしたり、どんなモノの表面でもインターネットの閲覧が可能になったりするのです。言葉でいくら説明しても、このテクノロジーがいかに革命的なものかピンとこないでしょうから、ぜひ一度インターネットで彼のＴＥＤトークを視聴してみてください。

また、並外れた才能によって、ＴＥＤのステージに立つチャンスが与えられた人たちもいます。その代表例が、〝数学手品〟を披露するアーサー・ベンジャミン[*5]と、ウクレレ奏者のジェイク・シマブクロ[*6]です。ジェイクはクイーンの「ボヘミアン・ラプソディ」をうっとりするようなウクレレ演奏で聴かせてくれます。たった4本しか弦のないおもちゃのギターのような楽器から、こんなにすばらしい音楽が流れ出すなんて誰が想像できたでしょう。

普通の人でも、感動のスピーチができる

友だちにうらやましがられるような仕事に就いた、そんな幸運な人はごくわずかで

しょう。そのうえ、ひとつの才能に生涯を捧げ、莫大な時間をかけて偉業を成し遂げた人となれば、なおさら少数派でしょうね。それなら、多数派の私たちはどうすればいいのでしょう？　ＴＥＤのステージに立ち、自分の言葉で世界の人々にインスピレーションを与えることなど叶わぬ夢なのでしょうか？

思い出してください。ＴＥＤプレゼンターの第２のタイプは、みなさんや私のような普通の――だけど普通でないストーリーをもった――人たちです。「それじゃあ、やっぱりお手上げだ」そんな声が聞こえてきそうですね。

「驚きのストーリーなんて縁がないね。私の人生なんて退屈で、超がつくほど平凡なもんさ。ジル・ボルト・テイラーのように、脳卒中を患い、脳研究者として自分の脳障害を研究したわけでもない。ナイジェリアのチママンダ・アディーチェ[*7]のように、アフリカ育ちの著名な作家という珍しい経歴があるわけでもないんだから」

それでも、こうして無事に大人になっているからには、失敗を粘り強く乗り越えてきたいくつものストーリーがあるはずです。恋をしたこともあれば、失恋したこともあるでしょう。人を傷つけたことも、誰かに傷つけられたこともあるでしょう。**普通の人生にも、ところどころに普通でない瞬間が訪れているのです。あなたのストーリーだって、誰かにインスピレーションを与えるかもしれません。あとは、感情に訴え**

る力を充分に発揮してストーリーを伝えられるようになればよいだけです。

人に語れるほどストーリーなんてもってない、そう思っていませんか？　問題はそこではありません。ストーリーをたくさんもちすぎているのが問題なのです。

ジル・ボルト・テイラーだって、１日目に脳科学者として生まれ、２日目に脳卒中に見舞われ、３日目にはもうＴＥＤのステージに招待されていた、というわけではありません。普通でない体験を数え切れないほどしたなかで、たったひとつの出来事について語ることを選んだのです。みなさんも特別なアイデアをひとつ選び、聴き手の心を動かすような方法でそれを伝えるすべを学んでください。本書がそのお手伝いをいたします。

「ＴＥＤの十戒」から、何をどう学ぶか

ＴＥＤの運営者は、招待したプレゼンターに「ＴＥＤの十戒」なるものを提示しています。ただ、このガイドラインはＴＥＤトークを成功させるためにやっていいこと・いけないことを示しているだけで、どうすればうまくＴＥＤトークができるのかは教えてくれていません。そこで、私はこの10項目を、以下のように「内容」と「伝

え方」の2つのカテゴリーに大別しました。

内容

・オハコの披露にとどまることなかれ。
・大きな夢を語れ。あるいは人々の驚きを誘う新しい何かを示せ。もしくは、はじめて明かす話をしろ。
・ストーリーを語れ。
・闇に葬られたくなければ、ステージ上での売り込みはやめるべし。会社や商品、著作の宣伝をするなかれ。資金提供も請うてはならない。
・「笑いは宝」と心得よ。

伝え方

・好奇心と情熱を惜しみなく示せ。
・良き関係づくりと最高の議論を目的として、他の話し手の発言には自由に意見を述べるべし。
・自慢話に終始するべからず。己《おのれ》の弱みを隠すなかれ。成功とともに失敗を語れ。

・原稿を読むべからず。

・次の話し手の時間を奪ってはならぬ。

人気の高いＴＥＤトークを徹底的に研究し、その結果をもとに、これ以降のページでは、聴き手にインスピレーションを与えるスピーチの〝ハウツー〟をご紹介していきます。トピックの選び方、ストーリーの組み立て方、実際のスピーチのしかた、洗練されたデザインの手法などを、一つひとつ順を追って学んでいきましょう。

＊1　イギリス、リバプール出身の教育者。アートを通じた教育改革に取り組む。TED2006の「学校教育は創造性を殺してしまっている」で、一躍世界的な注目を集める。共著に"The Element: How Finding Your Passion Changes Everything"（『才能を引き出すエレメントの法則』祥伝社）。

＊2　米国の神経解剖学者。ハーバード大学で脳神経科学を研究していた彼女は37歳のある日、脳卒中に襲われる。TED2008で、この時の経験を脳の専門家としてのユニークな視点から語った。著書に"My Stroke of Insight: A Brain Scientist's Personal Journey"（『奇跡の脳』新潮文庫）。

＊3　インド出身。米国ボストンのMITメディアラボで、直感的な動作で情報を入手できる装置を開発するプロジェクトのリーダーを務める。MIT教授のパティ・メースとともにTED2009に登場。彼が紹介したテクノロジーは世界中を驚愕させた。

＊4　米国の海洋学者。自ら潜水艇に乗り込み世界中の海を探査。TEDにも何回か登場し、美しく発光する深海の生物の映像を交えて、海の不思議とその研究の必要性を説いた。

＊5　米国の数学者。TEDでは驚異的な暗算力と秘訣を披露する一方、実践的な数学教育として、確率と統計の必要性を説いた。共著に"Secrets of Mental Math: The Mathemagician's Guide to Lightning Calculation and Amazing Math Tricks"（『暗算の達人』ソフトバンククリエイティブ）。

＊6　米国ハワイ出身の世界的ウクレレ奏者。4歳よりウクレレをはじめ、2002年ソロデビュー。TEDでも披露したダイナミックかつ精緻な演奏は従来のウクレレの概念を一変させた。

＊7　ナイジェリア出身の作家。19歳で米国留学後、創作をはじめ、英米の文学賞を相次いで受賞。代表作はビアフラ戦争をテーマとした“Half of a Yellow Sun”（『半分のぼった黄色い太陽』河出書房新社）。

備考：

米国著作権法の「フェアユース（公正使用）」の規定に従い、本書は批評と解説の目的およびプレゼンターを目指す人々のスキル向上を図ることで公共の利益を提供する目的に限定し、TEDカンファレンスの著作権を引用しています。TEDとの提携関係はありませんが、本書をきっかけに、より多くの人々がこの組織やその目的に関心をもってもらえるよう願っています。本書に記載されているすべての会社名および製品名は、それぞれの会社の商標または登録商標です。

第I部

内容・ストーリー・構成

Part I

CONTENT, STORY, & STRUCTURE

第2章

トピックを選ぶ

CHAPTER 2

HOW TO SELECT YOUR TOPIC

聴衆の心を動かすスピーチとはいったいどうすればできるのでしょう？　それにはまず目的地――スピーチが終わった時点で聴衆にどうなっていてほしいか――を頭の中に明確に描くことが必要です。スピーチが終わって聴衆の一人ひとりが会場を出ようとするとき、あるいはパソコンの前の聴き手がほかのサイトへ移ろうとするとき、**今までの古い意識が新しい考え方へと変わっているような、あるいは何か行動を起こす意欲が湧いているような、そんなインスピレーションの種を1粒蒔いておく。それがみなさんの目標です。**

核となるひとつのアイデアで勝負

はじめに、トピック（スピーチのテーマ）をひとつ選びましょう。そこで必要なのは、自分の心の中をじっくり観察してみることです。どんなＴＥＤトークもストーリ

ーが軸となりますが、だからといって、「私が人に語れるいちばんすてきなストーリーって何だろう?」と、いきなり自問してもはじまりません。**まずは、自分自身を発見するための問いかけからはじめてみましょう。**

たとえば、「これまでの人生で得たいちばん大事な教訓は何だろう?」、「いちばん喜びを感じた経験は?」、「いちばん辛かった経験は?」、「この世に生まれた私の使命とは? 使命を果たすための〝聖戦〟に協力してもらうにはどうすればいいだろう?」

核となるアイデアが見つかったら、こんどはストーリーと事実を積み重ねながら、聴衆を主体にしたトークを組み立てていきましょう。 たとえば、「いちばん大事な教訓」をテーマに選んだとしましょう。その教訓を得たのはいつのことか、何がきっかけで、どんな出来事を通して学んだことなのか。こうした要素を積み重ねることによってストーリーはできあがっていきます。

ここで大事なポイントを一つ。「誰からその教訓を得たのか」――これが必須要素です。**自分以外の誰かをヒーローにすることが、人の心を動かすストーリー作りのコツなのです。** トークを組み立てている最中は、つねにいじわるな聴き手を演じるもうひとりの自分を用意しましょう。「だからどうなの?」、「いったいそれが私にどう役立つの?」こんな質問攻勢が、すばらしいスピーチを作るために必要なのです。

2011年末の時点で、動画の視聴数がトップ10にはいるTEDトークのうち、7つは聴衆に自分自身を変えるきっかけを与えようとするものでした。こうしたコンセプトはけっして目新しいものではありません。昔から言われていることでしょ、「太陽の下に新しいものなど何もない」と(2000年以上も前の旧約聖書の伝道の書からの引用です)。この7つのトークの中心的コンセプトは、人の心の内側にあるもの、つまり心の病、創造性、リーダーシップ、幸福、モチベーション、成功、自尊心といったものです。

残りの3つのTEDトークは、人と人との関係の変化や社会全体の変革を生みだすきっかけを与えるもので、先の7つより対象とする範囲を広げています。この3つのトークはそれぞれ公衆衛生、教育、多様性の問題をテーマとし、これらの問題について私たちに行動を促したり、ものの見方を変えるよう求めたりしています。

こうした問題を扱ったのは、このプレゼンターたちがはじめてでもなければ、彼らがその最後というわけでもありません。それなのに彼らがことさら聴衆の心を摑めたのは、こうした問題に取り組むことがなぜ重要なのか、どうすれば変化を起こせるのかを、彼らなりの視点で語ったからです。

相手の心を動かす近道

聴衆と心でつながり、相手をインスパイアしたいと思っているなら、人間のもつ欲求について知っておくべきでしょう。人は一般に生理的欲求と安全欲求が満たされると、心の奥深くから4つの欲求が生じます。

第1の欲求は、「愛と帰属の欲求」です。2011年の中頃、ゲルダ・グリムショウ[*1]がLinkedIn（リンクトイン：アメリカで生まれたSNSのひとつ）上のTEDについてのディスカッショングループに、「あなたを幸せにするものは何ですか？」という質問を投げかけました。

ゲルダは、シングルマザーとその子どもたちに援助と教育の機関を紹介し、彼らの自立とより豊かな生活を支援する無料の紹介サービス〝コールママ〟の設立者です。その質問に寄せられた100以上の回答のうち、92人が自分を幸せにするものを答えてくれました。あまり科学的とはいえないかもしれませんが、満足感の背後にある秘密を探ろうと、私なりに回答を分類してみました。このリストを見てわかるように、人や動物とのふれあいによって得られる「愛と帰属感」が1位になっています。

・家族、友人、ペットとの交流（30・4％）
・自然とのふれあい（12・0％）
・慈善活動やボランティア（10・9％）
・仕事を完璧に終わらせること（9・8％）
・コーチングや教育、執筆活動によって人にインスピレーションを与えること（7・6％）
・自分の内面を見つめる＆知識を得ること（7・6％）
・マインドフルネス（いまこの瞬間に注意を向けること）（6・5％）
・健康――とくに最近病気にかかった人や慢性疾患をもつ人の健康（5・4％）
・肉体的快楽＆運動（5・4％）
・自己表現（2・2％）
・安定した経済状態（2・2％）

心の奥深くから生じる4つの基本的欲求の2番目は、「欲望と利己の欲求」です。
右に記したリストでは、安定した経済状態はもちろん肉体的快楽＆運動もこのグループに入るでしょう。正直なところ、一般的にはこれらの項目のパーセンテージはもう少し高いだろうと思われますが、LinkedIn のやたら高潔でしかも匿名を認めないディスカッショングループでは、こうした欲求についてコメントしにくいのかもしれません。

ただし、こうしたテーマがＴＥＤトーク向きではないと思わないように。メアリー・ローチ[*2]はＴＥＤ２００９のプレゼンテーションで「あなたの知らないオーガズムに関する10の事実」というテーマを取りあげていますし、ヘレン・フィッシャー[*3]はＴＥＤ２００６のなかで、「人が恋する理由・だます理由」について語っています。金銭にまつわるトークもたくさんあります。ただ、この手の話には、人々に既成概念が生み出す抑制を打ち破らせて、起業のような大きな夢を実現させようとしむける傾向が強いように思えますが。

オバマ演説に学ぶ、コアメッセージの作り方

第３の基本的欲求は、「自己実現の欲求」です。これを知っておけば、聴衆とつながるための近道になるでしょう。なぜなら人は誰でも学びたい、成長したいと思って

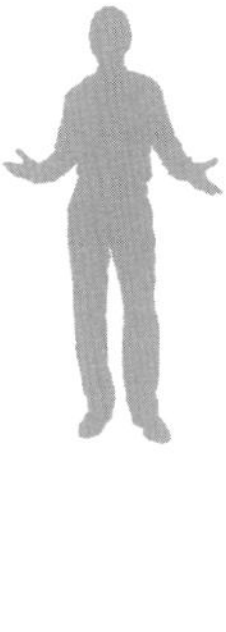

いるからです。誰もが自分自身に関心をもち、自身の限界に挑み、最終的にはそれを乗り越えようとします。

同時に自分たちをとりまく世界にも同じくらい関心をもっています。ですから、たとえば目標を設定し、それを達成するための秘策をもっているなら、それだけですばらしいTEDトークが作れます。ただし、この手のトピックは語られる頻度も高いもの。そこで目新しさを出すためにも、**あなたがどんな失敗をし、そこから何を学び、どうやって苦境を乗り越えたのかというストーリーが重要になってくるのです。**

２００８年の大統領選挙戦で、バラク・オバマは「Hope and Change（希望と変化）」をコアメッセージとして掲げました。これは何も偶然ではありません。社会運動であれ、政治運動であれ、あるいは宗教運動であれ、それがあらゆる大衆運動のコアメッセージであるからです。

そして、これが、人間なら誰でも抱く第４の基本的欲求なのです。聴衆の心をつかむには、まず彼らが立ち向かうべき現状という「敵」を作り、いまは手が届かなくても少し努力をすれば明るい明日が約束されていると、後押しすることが大切です。私たちは誰でも人生のどこかで自分に目覚め、それがどんなにつらくとも、自分という存在のあまりの無意味さに立ち向かわなければならないのです。

人はみな変化を起こしたいと思っています。だから、世界に自分の生きた証《あかし》を残せるような手段と意志力を与えてあげることが大切なのです。

トピックを選ぶ最善の方法は、まず聴衆に伝えたいメッセージをひとつ選び、さらにそのメッセージに情緒的な深みを添える何か目をみはるような経験はないかと頭のなかを捜しまわることです。行き詰まったら、別の方法を試してみましょう。誰も正解など知らないのですから。

カギとなるのは――この点はいくら強調しても充分ということはありません――**何よりもまず、核となるアイデアをはっきりと認識することです。**

プレゼンターがやってしまいがちな最大のミスは、1度のトークに一生分の蘊蓄を詰め込んでしまうことです。ひとつのコンセプトにレーザーの焦点を合わせましょう。そうすれば、プレゼン材料をふるい分ける目の細かなフィルターが自然と得られます。たとえすばらしいコンセプトやストーリーがあっても、それがコアメッセージに直接関係するものでなければ、どんなに使いたくても捨てなければなりません。

ひとつのまとまったメッセージが見いだせたら、つぎは聴衆の記憶にしっかりと残るようにそれを伝えなければいけません。第3章では、核となるアイデアを、聴衆の記憶に残るメッセージに変える方法をお話ししましょう。

要点

聴き手にインスピレーションを与えるには、この世界に対する見方が変わるような、あるいは何か行動を起こそうという気になるような、ひとつのアイデアで勝負しよう。

ストーリーと事実を積み重ねて、聴衆を主体にしたトークを組み立てよう。

人には心の奥深くから生じる欲求が４つある。「帰属の欲求」、「利己の欲求」、「自己実現の欲求」、「未来への希望の欲求」だ。これらの欲求とつながることが、相手の心を動かす近道となる。

＊1　米国のシングルマザー支援NPO「コールママ」の創設者。
＊2　米国のサイエンスジャーナリスト。性や死、霊、宇宙開発など様々なテーマを科学的なアプローチでわかりやすく解説する。著書に“The Curious Coupling of Science and Sex”（『セックスと科学のイケない関係』日本放送出版協会）。
＊3　米国ニューヨーク出身の人類学者。長年恋愛の謎を科学的に研究し、特定の脳内物質が恋愛感情と関係があることを発見、それに基づく性格分けを婚活に活かすことを提唱する。著書に“Why Him? Why Her?: Finding Real Love By Understanding Your Personality Type”（『「運命の人」は脳内ホルモンで決まる！』講談社）。

第3章

キャッチフレーズを作る

CHAPTER 3

HOW TO CRAFT YOUR CATCHPHRASE

あのインスピレーションに満ちたすばらしいTEDトークを披露したサイモン・シネック[*1]は、その数年前、神の啓示を受けました。なぜ成功するリーダーや企業が存在する一方で、失敗するリーダーや企業が存在するのか。それを説明する共通の特徴を見つけたのです。

ありがたいことに、彼はその発見を独り占めしませんでした。なにしろ、彼の人生の目的は〝人にインスピレーションを与え、相手がそれを実現できるようにしてあげること〟だったからです。

「何のために」を最初に、「何をするか」は最後に語れ

サイモンの〝秘密〟とは――世界中に無料で配信されていますから、もはや〝秘密〟とはいえませんが――〝ゴールデンサークル〟と呼ばれる概念です。彼はとても

説得力のある説明を展開しています。

――普通の人や普通の企業は「何をするか」から話をはじめ、運がよければ「どうやって実行するか」をほんの少し語ってくれる。対照的に、**偉大なリーダーや優れた企業は、「何のためにそれをするのか」から話を始め、つぎに「どうやって実行するか」を語る。「何をするか」は最後に取っておくんだ。**

このテクニックが、すなわち〝ゴールデンサークル〟です。サイモンが好んで例に挙げるのはアップルです。

アップルの「WHY（何のために）」は、「人々に現状への挑戦をしてもらうため」。「HOW（どうやって）」は、「消費の主流となる多くの人々に手の届く価格で、すばらしい日常的なデジタル体験を設計（提供）することによって」。そして、アップルが行う「WHAT（何を）」は、さまざまなサイズ、形、色のコンピュータやスマートフォンを作ることです。

サイモンのコンセプトはけっして新しいものではありません。それどころか、数十年前に流行った、企業とその従業員が共有すべき価値観や行動指針を明文化した〝ミッションステートメント〟の基礎となったものなのです。彼は古いコンセプトに新たな息吹を吹き込み、自身のメッセージを新鮮なストーリーとともに新たな手法で伝えることによって、多くの人々の意欲をかき立てたのです。
サイモンはまずペンを取り、このコンセプトを簡潔で美しいゴールデンサークルで囲みました。これはたしかに巧みなやり方ですが、それだけではなかなか聴き手に伝わりません。

想像してみてください。誰かがあなたに近づき、「ビジネスや人生で成功する秘訣を知りたくないかい?」と声をかけてきたとします。あなたが古今の英知を授かるチャンスとばかりに待ち構えていると、相手がこう言います。

「これがそのシンプルなモデルだよ、ゴールデンサークルっていうんだ!」

あなたはたいそうがっかりすることでしょう。もう少し詳しく説明してもらわないと、ただの金の輪《ゴールデンサークル》にはほとんど意味がありません。あなたは行動を起こす意欲も湧かないでしょうし、ものの見方を変える気にもならないでしょう。

アイデアは短いキャッチフレーズで伝えよう

ところが、ミスター・シネックはもうひとつ切り札を用意していました。そのコンセプトを、いつまでも記憶に残るキャッチフレーズで要約したのです。そう、それが

「Start with Why（Whyからはじめよ）」（彼の著書のタイトルでもあります）。この3つの単語が、人生をよりよくするために今すぐやるべきことをはっきりと語ってくれているのです。

サイモンや他のTEDプレゼンターたちは、**核となるアイデアを基本フレーズやパワーバイト（強いインパクトを与える端的な言葉）に転換し、聴衆の心に深く刻み込まれるまで繰り返し口にすることによって、自分たちのアイデアが広く伝わるようにしているのです。**

サイモンはこうした印象的なフレーズを、「Start with Why」以外に2つ用意しています。ひとつ目は、「People don't buy what you do, they buy why you do it（人は「何を」ではなく、「なぜ」に動かされるのだ）」。もうひとつは、「Work with people who believe what you believe（あなたが信じることを信じてくれる人たちと働きなさい）」。

では、印象的なキャッチフレーズを作るにはどうすればよいのでしょう？

まず大事なことは、短い言葉に収めること。理想は3語《ワード》ですが、12語《ワード》まで ならOK。ここで、もう一度オバマ大統領を思い出してください。

頭に焼きついて離れない、彼の印象的なメッセージ——「Hope and Change」、

「Pass This Bill」、「We Can't Wait」、「Yes, We Can」――はすべて3語《ワード》でできていますね。これでおわかりでしょう。

キャッチフレーズの第2の特徴は、人に行動を起こさせる力をもっていることです。「Start with Why」はその代表例です。

[*2]O・J・シンプソン事件で弁護人を務めたジョニー・コクランは、陪審員を前にこう言いました。

「If it doesn't fit, you must acquit（「犯行に使用されたと思われる手袋が」彼の手に合わないなら、無罪とすべきだ）」

この言葉は、15年以上経ったいまでも、人々の意識に残っています（結果的にこの手袋がシンプソンの手に合わなかったこともあって、シンプソンは無罪の判決を受けた）。陪審員に向けたコクランの言葉や、「People don't buy what you do, …（人は「何を」ではなく……）」というサイモンの見解は、ともにパワーバイトの第3の特徴をそなえています。

ほぼ韻を揃えたことで音楽を聴いているようなリズムのよさが生まれ、これが人々の心をとらえ、覚えやすくなっているのです。ほぼ韻を揃えるという特性をきちんと理解するには、少し文法のレッスンが必要です（けっして難しいものではありません)。あるフレーズを音楽のように耳に心地よいものにするには、単語やフレーズを、連続する節のはじめの部分(首句)か終わりの部分(結句)で繰り返せばよいのです。

19世紀イギリスを代表する小説家チャールズ・ディケンズはその代表作『二都物語』において、小説の冒頭部分に首句反復をこれでもかといわんばかりに連続して用いることで、読者に強い印象を残しています。

それはおよそ善き時代でもあれば、およそ悪しき時代でもあった。知恵の時代であるとともに、愚痴の時代でもあった。信念の時代でもあれば、不信の時代でもあった。光明の時でもあれば、暗黒の時でもあった。希望の春でもあれば、絶望の冬でもあった。前途はすべて洋々たる希望にあふれているようでもあれば、また前途はいっさい暗黒、虚無とも見えた。人々は真一文字に天国を指しているかのようでもあれば、また一路その逆を歩んでいるかのようにも見えた――要するに、すべてはあまりにも現代に似ていたのだ。すなわち、最も口やかましい権威者のある者によれば、善きにせよ、悪しきにせよ、とにかく最大級の形容詞においてのみ理解さるべき時代だというのだった。

ディケンズ著『二都物語』(中野好夫訳、新潮文庫)

みなさんの心が小説のほうに奪われてもいけませんのでこれくらいにしておきますが、とにかく多くの人がとくにこの最初の部分――「It was the best of times, it was the worst of times（それはおよそ善き時代でもあれば、およそ悪しき時代でもあった）」――だけは覚えているという事実に注目すべきでしょう。これは先に説明したキャッチフレーズの許容ワード数（3語《ワード》から12語《ワード》）の上限をぎりぎり守っています。

もっと手の込んだものを作ってみたいなら、首句反復と結句反復を組み合わせた首句結句反復にチャレンジするのもよいでしょう。首句結句反復では、連続する節のはじめの部分でも単語やフレーズを繰り返し、終わりの部分でも（たいてい別の）単語やフレーズを繰り返します。

サイモン・シネックの「People don't buy what you do, they buy why you do it」は、さらに第4の特徴もそなえています。その特徴とは、フレーズのなかの別々のパートで（buyやdoなど）同じ単語を繰り返し使っていることです。そんなにたくさんのことをいっぺんにやれないというなら、先ほどの「韻を揃える」という特徴だけを使ってキャッチフレーズを作ってもかまいません。

対照的な2文は並べる順序が大切

さあこれで、キャッチフレーズの長さ、行動の誘発、音楽的なリズムという特徴を押さえました。

あと2つ、どちらも重要でたがいに相関性があり、すぐに活用できる特徴をあげておきましょう。**2つのパートから成るキャッチフレーズを作る場合、第2パートは肯定文で、第1パートと対照をなす内容にします。**「People don't buy what you do」の部分が否定文であることで、「だとすれば、人は何に動かされるの?」という疑問が聴き手の心に浮びます。そこで、「they buy why you do it」とくると、聴き手がいましがた抱いた「知りたい」という欲求を満足させることができるのです。

もうひとつ、**対照的な2文は並べる順序が大切です。これが広く伝わるキャッチフレーズの最後の特徴です。よく練られたジョークと同じように、最後にパンチワードやパンチフレーズといったオチを入れる必要があります。**

もしO・J・シンプソンの裁判で弁護士が「You must acquit if it doesn't fit」と普通の語順で言っていたなら、「彼の手に合わないなら」という主張のインパクトが薄

れて同じ効果は望めなかったでしょう（つまり、無罪を勝ち取れなかったかもしれないのです）。

伝えたい内容に焦点を合わせた、インパクトの強いメッセージを、伝わりやすいキャッチフレーズというパッケージにおさめたら、上級編に進みましょう。第4章では、紹介部分からはじまる、スピーチの組み立て方を見ていきましょう。

要点

アイデアを伝わりやすくするには、３語《ワード》から12語《ワード》の印象的なキャッチフレーズに要約すること。

聴き手の行動を誘発するような、リズムのいいキャッチフレーズを作ろう。

プレゼンテーションでは、キャッチフレーズを最低でも３回は繰り返そう。

＊1　イギリス、ウインブルドン出身の作家。リーダーシップとは何かを研究。彼が提唱する「ゴールデンサークル」というモデルは、シンプルではあるが、普遍的なリーダー論として注目を集める。著書に“Start with Why: How Great Leaders Inspire Everyone to Take Action”（『WHYから始めよ！——インスパイア型リーダーはここが違う』日本経済新聞出版社）。

＊2　1994年、アメリカンフットボールのスーパースター選手だったO・J・シンプソンが、元妻とその友人を殺害したとして逮捕された事件。その裁判は社会現象というべき騒動となった。

第4章

スピーチを成功させる「紹介」の秘訣

CHAPTER 4

HOW TO BE INTRODUCED

残念なことに、ＴＥＤのビデオにはプレゼンターを紹介する場面が映っていません。プレゼンターを紹介する〝ＴＥＤの流儀〟について、一般の人が知る手だてはほとんどありません。へたな紹介のせいで、すばらしいスピーチが台無しになることもないでしょうが、１、２分のすてきな紹介コメントで送り出してもらえば、あなたのスピーチにもはずみがつくはずです。

ＴＥＤの初期から今日に至るまで多くの人に視聴されているＴＥＤプレゼンターのひとりが、ハンス・ロスリング[*1]です。彼は普通ならつまらないと思われがちな公衆衛生に関するデータを、鮮やかな手法で操ることにより、誰もがワクワクするような情報にしようと奮闘しています。

彼のコアメッセージは、公衆衛生に関するデータや解析ツールを自由に共有することによって、世界の人々が協力して公衆衛生の世界基準を向上させることができるというものです。ここで、ハンスの革新的なスピーチに対して、こんなつまらない紹介をしたらどうなるかという例を示してみましょう。

「みなさん、本日はストックホルムにあるカロリンスカ研究所の国際保健学部の教授であるハンス・ロスリング博士をご紹介いたします。博士は若いころ統計学と医学を学ばれ、医師免許を取得後、１９７６年に医師になられました。麻痺性疾患の一種であるコンゾに関する発見とその後の研究が認められ、１９８６年にウプサラ大学で博士号を取得されました。ロスリング博士は、２０１０年に人類の進歩を追求する継続的な活動に対し贈られたギャノン賞をはじめ、10以上もの権威ある賞を受賞されています。２０１１年には、ファスト・カンパニー誌の「世界のビジネス界における最もクリエイティブな１００人」の中にランキングされ、スウェーデン王立工学アカデミーの会員にも選ばれています。ここまで博士の学者としての偉業を述べてまいりましたが、そんなものには興味がないというみなさん、じつは博士は剣飲みの曲芸でも有名なのですよ。さあみなさん、温かい拍手でお迎えください、ハンス・ロスリング博士です！」

（出典：ウィキペディアの情報を元にした私の創作です）

……といったぐあいでしょうか。これを書いているだけで、まぶたが重くなってきました。いっそのこと、不眠症対策にこの原稿をナイトテーブルに置いておこうかと思うほどです。みなさんもよかったら一度お試しください。

スピーチを活かす「紹介」の極意

では、これとは対照的にすばらしい紹介文とはどういうものでしょう?

その特徴をあげてみます。

1．プレゼンターがこれから伝えるコアメッセージに関係した内容であること。2．聴衆を主体に作られていること。3．プレゼンターをスター扱いするのではなく、プレゼンターがいかに信頼できる人物であるかを示していること。

ではこれから、これらの特徴を一つひとつ見ていきましょう。

プレゼンターのスピーチを活かす紹介とは、スピーチの核となるひとつのアイデアと結びつく情報にだけ範囲をしぼったものです。ロスリング博士は、誰でも自由に閲覧できる公衆衛生データベースの普及を支援してもらえるよう、影響力のあるＴＥＤカンファレンスの参加者の心に訴えるため、ステージに立ったのです。

たしかに、博士が珍しい病気の発生を発見し研究し続けた功績により、１９８６年にウプサラ大学で博士号を取得したという事実も称賛すべきことですし、すばらしいことだと思います。ですが、それは彼のスピーチのコアメッセージと直接関係するものではありません。それより情報として意味があるのは、博士がカロリンスカ国際研究・トレーニング委員会の委員長を務め、そこでアジアやアフリカ、中東、ラテンアメリカの大学と健康学の共同研究をはじめたということでしょう。

このことから、これからステージに立つプレゼンターは、国際的なパートナーシップを通して公衆衛生の向上に情熱を燃やす人物であることがわかります。

私がこしらえた紹介文の決定的な欠陥は、これからはじまるスピーチが聴衆にとってどう役立つのかをまったく語っていない点です。貴重な時間を投資し、注意を向けた見返りが何もないなら、何時間もおとなしく他人の話を聴いている人なんていません。何かしら見返りが得られそうだよと聴衆の関心を引きつけるだけ引きつけて、その実体は明かさないというのが、うまい紹介なのです。

もっと言えば、「ハンス・ロスリングのスピーチが終わるころには、世界の公衆衛生データを共有することにより、自分自身はもとより、子供たちの、そして70億の仲間たちの生活の質《クオリティ・オブ・ライフ》を高められることを、あなたはきっと理解するでしょう」というヒントを与えれば、さらに優れた紹介だといえます。そんなささやかな変化が得られるというだけで、聴衆は席に座ったままスピーチに注意を傾ける理由を見いだせるのです。

MC（司会者）の役割は、プレゼンターを並みはずれた人物として祭り上げるのではなく、信頼できる人だと聴衆に印象づけることです。たしかに私たちは権威を敬いますが、信頼するのは自分たちと似た点がある人たちです。ものの見方を変えてみよう、何か行動を起こしてみよう――私たちがそんな気持ちを起こすのは、自分たちと同じように最初は疑いながら活動に乗り出したものの、変化を受け入れて成功した、そんな人々に影響を受けた場合です。

私がこしらえた紹介文の問題点は、ロスリング博士の人物像を天才中の天才として描いたことです。彼は統計学者であり、医師であり、流行病の権威であり、多くの栄誉を受けた人物です――こんな紹介を聴けば、誰だってこう言うでしょう。

「ハンス・ロスリングはすばらしい人物だね。だけど、私には彼と同じことはできないよ。だって、彼とは血筋がちがうし、彼のようなＩＱも持ち合わせていないからね」

では、どんな紹介ならこんな反応を招かずにすむでしょう？

「ロスリング博士はカロリンスカ研究所の国際保健学部の教授であり、公衆衛生についての国際的議論の推進にとても重要な貢献をされてきました」

これで充分なのです。彼が信頼できる人物であると聴衆の胸に刻み込むにはこれだけで充分ですし、彼がこれから話す内容とも直接つながっています。ついでに言っておくと、博士が剣飲みの達人であるというのは、偉大な医師の人間性にユーモラスな一面を添えていますが、珍芸ができるという紹介はこれから語られるトピックとは何の関係もありません。

必ず自分の紹介原稿を用意する

多くの場合、紹介者（MC）はあなたのことをほとんど知りません。そんなときは、先の3つの条件を満たしたあなたの紹介原稿を事前に渡しておくとよいでしょう。

つまり、①聴衆にとってどう役に立つかを示すこと、②なによりトピックと関係した内容であること、③プレゼンターの経歴については最小限に留めること——。その基本条件に沿った紹介文です。

紹介原稿を渡したら、**かならずMCと一緒に原稿を見直し、タイミングや話し方を**

つかむため1、2度リハーサルをしておきましょう。たいていこの最後のステップを省略してしまい、悲しいかな、聴衆を退屈させる結果になるのです。

その一方で、MCがあなたのことをほんの少しでも知っていると、奇跡が起こることもあります。私は身をもってそれを経験しました。2011年に、私はポートランドで"Starve Ups"という企業家同士のメンタリンググループのメンバー80名の前でスピーチを行いました。スピーチの中心テーマは、「小さな企業でも大企業並みの契約が取れるプレゼンテーションの秘策」でした。

私がステージに出る直前、多忙な企業家で、その日のMCを担当してくれたジョン・フリースが、私が渡した紹介文をきちんと読んでいないことを白状したのです。彼は原稿にさっと目を通すと、それを丸めてポケットにしまい、「任せてください」と言いました。

当然、私の血圧は一気に上昇しました。

ジョンはステージに立つと、彼自身が日ごろから投資家や仕事のパートナー、あるいは顧客に対する売り込みにいかに苦労しているかを手短に話しはじめました。それから、私との出会いについて触れ、私が優れたコミュニケーターをめざす人々に必要なツールやフィードバックを与えようといかに情熱をもって取り組んでいるかを語ってくれました。それは、私が頼んでいた内容とは比較にならないほどすばらしい紹介でした。

紹介とスピーチのトーンをシンクロさせる

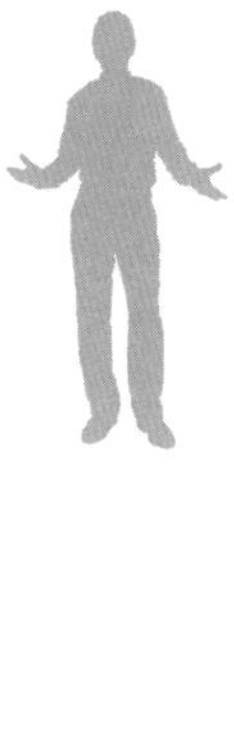

MCに依頼する紹介文を作る際にもうひとつ注意したいのは、内容をあなたのスピーチのトーンと合わせるということです。ハンス・ロスリングの紹介をしたMCがミニコメディ調で紹介をはじめていたら、どんなにかがっかりすることでしょう。逆に、ユーモラスなプレゼンターの紹介なら、コメディタッチの紹介がスピーチのウォームアップとしてぴったりはまり、効果抜群です。**紹介とスピーチがうまくシンクロしていると、会場のエネルギーレベルをうまくコントロールできます。**

これについては、第5章で詳しく述べることにしましょう。

MCが拍手をし、あなたと握手を交わしたら、いよいよスピーチをはじめる瞬間がやってきます。第5章では、成功するスピーチのはじめ方についてお話ししたいと思います。

要点

1、2分程度の紹介文をあらかじめ用意し、MCに渡しておこう。内容はかならずあなたのコアメッセージとつながっていること。

あなたがアイデアを伝えるにふさわしい人物であることを、聴衆に理解してもらえるような紹介であること。

あなたを超人的な人物だと聴衆に思わせてはいけない。あくまでも信頼できるガイド役として紹介してもらうこと。

＊1　スウェーデン出身の医師、公衆衛生学者。ＴＥＤにもたびたび登場し、さまざまな統計データを、ユニークなスライドやステージ上のパフォーマンスで鮮やかに操り、人口問題や世界的な医療問題などを分かりやすく解説して好評を博す。

第5章

スピーチのはじめ方

CHAPTER 5

HOW TO OPEN YOUR TALK

文学や詩には〝構造〟があります。構造をもつことで文学や詩に制約が加わるわけではなく、むしろ創造性がより広がると考えられています。5—7—5の構造をもつ俳句やソネット（14行詩）がよい例で、どちらもその構造によって、無限の美しさやバリエーションが引き出されています。

スピーチにも同じ現象が見られるというのが、私の実感です。スピーチは、冒頭《オープニング》—主要部（本論）—結論という構造をもちます。ただ骨組みがあるだけで、あとは真っ白なキャンバスと同じ状態。このキャンバスにあなたのアイデアをどう描いていくか、それがスピーチの技法《アート》です。

オープニングであなたのパーソナル・ストーリーを語る

スピーチのはじめ方はいくらでもありますが、ここでは最も人気のあるＴＥＤプレ

ゼンターが聴衆の心をつかむために用いている3つの手法を詳しく説明していきましょう。

まず、聴衆が最も集中して聴いているのは、スピーチがはじまって最初の10秒から20秒間だということを覚えておいてください。そこをピークとして、聴衆の関心は徐々に別のことに向いていきます。夕食に何を買って帰ろうか、明日は何を着て出かけようか、なんてぐあいに。だから、これから話す内容には耳を傾ける価値があるのだという根拠を、明確に、あるいは暗黙のうちに示し、その恩恵をエサにすばやく聴衆の心をつかんでしまうことが大切です。

着実に成功をもたらすオープニングの手法は、個人にまつわるパーソナル・ストーリーを語ることです。ストーリーテリングについては次の章で深く探っていくとして、ここでは要点だけをお話ししましょう。

まず第1のポイントとして、あなたのパーソナル・ストーリーは、純粋にあなた自身に関するものでないといけません。あなた自身のストーリーを語り、あなた自身の意見を述べましょう。あなたに関するストーリーのなかで、別の誰かをヒーローにするのもうまい手です。

第2のポイントは、あなたのパーソナル・ストーリーがスピーチのコアメッセージ

と直接関係していること。たとえば、ホームレス支援のために人々に時間を提供してもらいたいというのがあなたの目標なのに、「うちの犬は『だいすき！』って吠えることができるんですよ」などとなんともほほえましい話をしたところで意味がありません。

第3、第4、第5のポイントをまとめて言うと、ストーリーは聴き手の感情をゆさぶるもの、五感に訴えるもの、そして会話をふんだんに盛りこんだものであることが大切です。つまり、ストーリーは聴き手があなたと一緒にその内容を追体験できるほど具体的であることが大切なのです。

成功に関する著作をもつリチャード・セント・ジョン[*1]のTEDトークを見れば、トークの冒頭にパーソナル・ストーリーを活用する効果がよくわかります。

これは高校生を相手に2時間のプレゼンを行った内容です。でも、ここでは3分でお話ししましょう。7年前、TEDに向かう飛行機の中での出来事です。私の隣に座っていたのは女子高生、つまり10代の少女でした。彼女の家は貧しかったそうです。だから、成功したいと願っていた。そこで私に素朴な質問をぶつけてきました。

「どうすれば成功できるの？」

しかし私は満足な答えを返してやることができず、残念で残念でなりませんでした。やがて飛行機を降り、TEDの会場に着いたとき、ピン！ときたのです。私のまわりは成功者だらけじゃないか！　彼らから成功の秘訣を聞きだし、子どもたちに伝えてあげたらどうだろう。

（TED2005：リチャード・セント・ジョン「成功者だけが知る、8つの秘密！」より）


さて、あなたは同じ飛行機に乗り合わせた自分の姿が頭に浮かびましたか？　家が貧しかったという少女が、リチャードから成功の秘訣を聞き出そうとしたとき、思わずそちらを向いて、話を盗み聞きしたのではありませんか？　少女に満足な答えを返してやれなかったリチャードの落胆が感じとれたのでは？　この先、子供たちの力になってあげたいというリチャードの意気込みがひしひしと伝わってきたでしょう？もっと言えば、リチャード・セント・ジョンが見いだした成功の秘訣とは何だったのだろうと、少々自分勝手な興味が湧いているのではありませんか？

それを知りたければ、TED.com で彼のトークをご覧ください。その楽しみを奪うほど、私は野暮ではありません。とはいえ、冒頭のパーソナル・ストーリーで聴衆の心をがっちりつかんだリチャードの秘策については、すでにおわかりいただけたでしょう。

ここで注目したいのは、リチャード・セント・ジョンがきわめて短いトークを行った点です。わずか3分。TEDトークは最も長いものだと18分ですから、それと比べると非常に短いトークです。

もっと時間があれば、彼はもっと詳しい情報や会話のあれこれを盛り込んだでしょう――少女の名前は何といったか、見た目はどんなだったか、機内の轟音の中で会話はうまく進んだのか、ファーストクラスから漂ってくる焼きたてのチョコレートチップクッキーの匂いがどれほど鼻をくすぐったか、同伴者のいない少女と40代のビジネスマンが初めて言葉を交わした際のぎこちなさがいかほどだったか――。

でも、みなさんはすべて頭に描けていますよね。リチャードのスピーチのように、

子細な情報は割り当てられた時間に合わせて絞り込むことが大切です。

聴衆をドキッとさせて、心をつかめ

効果という意味では、残りの2つの手法には同じくらい聴衆の注意を引く力がありま す。ですから、お話しする順序にとくに意味はありませんが、先にショッキング・ステートメント（衝撃的な事実の提示）から説明することにしましょう。

ショッキング・ステートメントは統計値について言及するケースがほとんどですが、一般的な社会通念に異議を唱えるような、力強い意見を述べる場合もあります。大切なのは、聴衆の感情を何かしら誘発するものでないといけないということです。

たとえば、あなたが「何が起きたのか」を語ったとします。すると、聴衆は「なぜ？」「どのように？」「いつ？」「どこで？」という欠落部分をどうしても埋めたくなります。TED2010では、有名なシェフであり子どもの栄養について主張を続けているジェイミー・オリバー[*2]が、その冒頭部分でまさにこの手法《レシピ》を用いています。


痛ましいことですが、私がここで話をしている18分のあいだに、アメリカ人の4人が食が原因で亡くなるでしょう。私はジェイミー・オリバー、34歳です。イギリスのエセックス州の出身で、ここ7年ほどは私流のやり方で人の命を救う活動に休む暇もなく取り組んできました。私は医者ではありません。シェフです。高価な設備も薬もありません。情報と教育だけが頼りです。食の力は私たちに最高の幸せをもたらすものとして、家庭のなかで最も重要なものであると私は心から信じています。

（TED2010：ジェイミー・オリバー「子ども達に食の教育を」より）

オリバーシェフは、いま世の中で何が起こっているか——食事が原因で人々がばたばたと死んでいる——を伝えることで聴衆の関心を引きつけました。しかも、それは地球の裏側の開発途上国での話ではありません。聴衆と同じ、いわゆる先進国に住む人々に起こっていることなのです。

聴衆のほとんどが「ランチを終えてもまだ生きていられるだろうか」と不安にかられたと言っても、誰も嘘だとは思わないでしょう。ショッキングな統計値には、聴衆にそれを自分の問題として深く関わろうと思わせるだけの威力があるのです。

人には逃れられない欲求があるとお話ししたのを覚えていますか？「健康と安全」、「愛と帰属」、「欲望と利己」、「自己実現」、「明るい未来への希望」を求める欲求でしたね。ジェイミー・オリバーはまず生と死について衝撃的な話をもちだします。すると聴衆は、「なぜこんなことが起きているのか」「どうすれば安全に生きていられるのか」を知りたいと、かたずを飲んで次の言葉を待つことになるのです。

効果的なのは「なぜ」ではじまる質問

第3のタイプは、インパクトのある質問です。これはある意味でショッキング・ステートメントの変形ともいえますが、聴衆に考えてもらいたい問題をより明確にできるというのが特徴です。たとえば、ジェイミー・オリバーのスピーチはこんな質問からはじめることもできました。「みなさんのような普通のアメリカ人が毎日320人も食が原因でなくなっているのはなぜだと思いますか？」

インパクトのある質問で聴衆の心をつかみたいなら、「なぜ（WHY）」や「どうすれば（HOW）」からはじまる質問が効果的です。「なぜ」ではじまる質問は、聴衆の注意を引くという意味では断然効果的です。

自分のまわりの世界がいまどうなっているのかを知りたい、そんなごく自然な好奇心を引き出せるからです。なぜそれが起きているのかを知れば、次はどうすればよりよい状況を生みだせるのか、どうすれば悪い事態が起きるのを防げるのかが知りたくなります。**「なぜ」の部分が暗に伝わっていたり、充分に理解されていたりする場合は、「どうすれば」の質問からはじめてもかまいません。**

もう1度、オリバーのメッセージを考えてみましょう。「あなたの食べた物が原因で命を落とす危険を避けるには、どうすればよいでしょうか？」こんな質問でスピーチをはじめることもできるのです。

ジェイミー・オリバーのスピーチの冒頭を「なぜ」や「どうすれば」の質問で書き換えた文には、「みなさん」や「あなた」といった言葉が忍び込んでいることに気がつきましたか？

この魔法の言葉は、及第点の質問を優秀な質問に変える力をもっています。「みなさん」「あなた」という言葉を聞いて、聴き手は自分自身のことを考える〝内省モード〟に入るからです。だってあなたの目的は、聴衆に自分自身や自分のまわりの世界について考えてもらうことなのですから。

私が出会ったTEDトークのなかで、冒頭部分に最も効果的なかたちで質問を利用していたのがサイモン・シネックでした。ここで彼のスピーチの冒頭部分を紹介しましょう。人にやる気を起こさせるリーダーやすばらしい結果を生みだす企業になるための〝ハウツー〟を、見事に提供しています。

物事が思い通りに進まなかったとき、みなさんはそれをどう説明しますか？

あるいは、誰かが常識をすべてひっくり返すような偉業を成し遂げたとき、みなさんならそれをどう説明するでしょう？

たとえば、どうしてアップルはああも革新的でいられるのか？

毎年毎年、ライバル企業のどこよりも革新的であり続けています。でも、アップルはただのコンピュータ会社です。ほかの会社とたいして変わりません。他社と同じようなルートで同じような人材を集め、同じような代理店や、同じようなコンサルタントや、同じようなメディアを使っているのです。

なのになぜアップルにはほかと違う何かがあるように見えるのでしょう？

マーチン・ルーサー・キングはなぜ公民権運動を推進できたのでしょう？

公民権運動以前のアメリカで苦しんでいたのは彼だけではないはずです。当時のすぐれた演説家は彼ひとりではありません。なのになぜキング牧師だったのでしょう？

ライト兄弟はなぜ有人動力飛行を実現できたのでしょう？

彼らよりもすぐれた人材と潤沢な資金を集めていたチームでも実現できずにいたのに。ライト兄弟がほかを出し抜いて成功したのはなぜでしょう？

そこには何か別の要因が働いていたはずです。

（TEDx Puget Sound：サイモン・シネック「優れたリーダーはどうやって行動を促すか」より）

冒頭の質問は、本来ひとつで充分です。それなのに、シネックは聴衆に対し、あえて続けざまに「なぜ」の砲火を浴びせています。こうした集中的な「なぜ」攻撃は非常に効果的ですが、実践するには注意が必要です。

スピーチの冒頭部分で多くの質問を続けざまにぶつける作戦を成功させるには、すべての質問に同じ答えが返ってくるようにしなければなりません。しかもシネックは「どうやって（HOW）」と「なぜ（WHY）」の質問を、まるでマッチとダイナマイトを一緒にもてあそぶかのようにして、聴衆に投げかけています。じつは、この2種類の質問は根っこが同じだったのです。

たとえば、スピーチの冒頭でこんな質問を続けざまに投げかけたらどうでしょう――「なぜ空は青いのでしょう?」「なぜ転がる石には苔がつかないのでしょう?」「なぜ象はネズミを怖がるのでしょう?」きっと聴衆は混乱してしまいますよね。

ここまで、TEDプレゼンターがスピーチをはじめる際に用いる3つの効果的な手法を見てきました。パーソナル・ストーリー、ショッキング・ステートメント、そし

てインパクトのある質問。ここからはさらに1歩進んで、プレオープニングとポストオープニングについて見てみましょう。ＯＫ？

プレオープニングで会場のテンションをコントロール

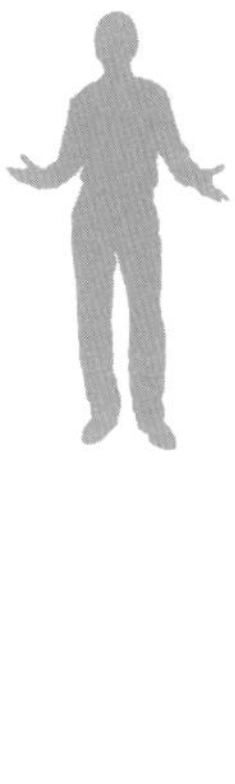

冒頭《オープニング》のスタイルを考えるとき、みなさんは9割がた基本の3タイプからひとつを選ぶことでしょう。それでも、何か別のことをする必要があるなと感じるときには、会場の雰囲気（エネルギーレベル）が大いに関係しているものです。世界でも一流のプレゼンターたちは、オープニング時の会場のエネルギーを上手に反映させ、オープニング以降のトークに向けて聴衆を心の旅に誘います。

けれども、**ときには会場内のテンションが高すぎたり、低すぎたりすることがあります。そんなときこそ、プレオープニングの出番です。**

ケン・ロビンソン卿が教育改革をテーマにＴＥＤトークをはじめようとしたとき、すでに何時間か、あるいは何日間か座ったままスピーチを聴きつづけてきた聴衆が、どうやらそわそわしだしたのではないかと思われます。感動的な話に刺激を受けるのも、息抜きがないとけっこう辛いものです。

その結果、ロビンソン卿は気が張りつめてピリピリした状態の聴衆の前に出て行くことになったのです。ここで、ロビンソン卿は聴衆に一息つかせようと、ユーモアに満ちたプレオープニングを披露しました。**これから少々愉快なトークをはじめようとする場合には、最初の30秒で笑いを取り、一気に聴衆をそのムードに引きずり込むことが大切です。**ロビンソン卿は10秒もかけずにそれをやってのけました。

おはようございます。気分はいかがでしょう？（TEDは）すばらしかったですね。私もすべてに感動しどおしでした。だから、そろそろ帰ってもいいかなって（会場笑）。

このカンファレンスには、3つのテーマが存在していましたね。どれも私がお話ししたい内容に関係しています。そのひとつは、人間はすばらしい創造性を備えているということで、それはこちらでのすべてのプレゼンテーションやここにいるすべての方々において、おおいに証明されています。その多様性と幅の広さがです。

2つ目に、人間の創造性は未来にいったい何が起きるのかまったくわからなくしてしまいます。この話もどんなふうに展開するかまったくわからない……。

（TED2006：ケン・ロビンソン「学校教育は創造性を殺してしまっている」より）

ロビンソン卿はユーモアを使っただけではありません。聴衆とつながるためのもうひとつのテクニック、〝オープニング・コールバック〟という手法も用いています。私たちがコールバックを目にするのは、コメディアンが客に大受けしたジョークや話題をもう一度最後にもってきてネタを終わらせるような場合ですね。

基調演説でのオープニング・コールバックでは、自分が話す題材と前の講演者の題材とをつなぐような話をします。自分が最初の講演者であれば、最近話題になっている出来事や、出番間際にたまたま目に留まった客席の誰か、あるいは会場の雰囲気などに言及します。

オープニング・コールバックには、その場で思いついたという感じがなければいけません。ロビンソン卿がやったように、その日の聴衆に合わせたネタであることが大事です。そうすれば、聴衆は特別扱いされた気分になり、これからあなたが話す内容も自分たちに向けて作られたのだと感じてくれます。

プレオープニングは会場のテンションが低い場合にも使えます。スピーチがとても深刻な内容で、しかも聴衆がその内容をまったく知らない場合に有効です。しかしそういうケースはまれで、私はTEDトークのなかで一度もそういう場面を見たことがありません。スピーチにはたいていうまいタイトルがついていて、聴衆はその内容についておおかた承知しているものです。

けれども、ほかのフォーラムでなら、2、3度見たことがあります。2000年のトーストマスターズ世界チャンピオンのエド・テートは、このテクニックの達人です。あるスピーチで、エドは自身が人種的憎悪の的となった経験を語る前に、長い長い沈黙を置きました。彼は、黙ったまま身動きひとつせずにまるまる10秒間ステージに立っていたかと思うと、いきなり人種差別的な罵倒語を叫びだしたのです。

10秒が長い時間だと思わない人は、1度聴衆の前で同じことをやってみるといいでしょう。ステージに立っている側も、聴衆も、この沈黙と居心地の悪さが永遠に続くのではないかと感じてしまうはずです。これほど見事に緊張を生みだすテクニックはほかにないでしょう。

もうひとつ興味深いプレオープニングをご紹介しましょう。聴衆にある特定の状況や環境に身を置いていると想像してもらうのです。 MIT研究員のデブ・ロイ[*3]は、TED2011で、まだ赤ちゃんの息子がいかにして言語を習得するかを、彼自身が研究した方法について語っています。本題に入るまえに、彼はこれまでにない社会実験のなかに身を置いた生活を想像してみてほしいと、聴衆を誘います。

　想像してみてください。あなたの人生をすべて記録できるとしたらどうでしょう。どんな発言もどんな振る舞いも手近な記憶装置に残しておけるとしたら、過去に戻って心に残る瞬間を再現してみたり、過ごしてきた時間を綿密に調べてみることで、これまで見過ごしてきた生活のパターンを発見したりできるのです。まさにそれこそが、私たち一家が５年半前にはじめた旅なのです。

（ＴＥＤ２０１１：デブ・ロイ「初めて言えた時」より）

絶対に役に立つ「3つの○○」

冒頭部分《オープニング》では、あなたのスピーチを聴くメリットを聴衆に考えてもらえるよう暗に導くことが大事です。ポストオープニングは、スピーチを聴くことで聴衆は何を得られるのか、そしてそれにはどのくらい時間がかかるのかを明確に示す部分で、かなら

ず入れることをお勧めします。長いあいだ、私は基本スタイルに則ったオープニングのあとに、こんな言葉を付け足していました。

「これからの45分間、幸せになるための3つの秘訣をみなさんに知っていただきたいと思います」

これは、聴衆が受ける恩恵をとてもうまく伝えています。「みなさんに知ってもらう」のほうが「みなさんに教える」よりもずっと効果があります。けれども、この文章にはいくつか問題があります。

第1の問題、そしてこれが最大の問題なのですが、聴き手主体ではなく、話し手主体の文章になっているという点です。「みなさんが何を得るか」ではなく、「私が何をしようとしているか」になっているのです。

第2の問題は、感覚に訴えていないという点です。あなたのスピーチの構造を聴衆が視覚的に捉えられるようなたとえを示すのがすぐれたポストオープニングです。この教えを踏まえて、これからはこんな文章を使うことにします。

「今から45分後、みなさんは『幸せになるための3つのA』を道具箱に詰めて、この会場を出ることになるでしょう」

これなら聴き手主体の文章ですし、聴衆は「3つのA」が何なのかを知りたくて、私のスピーチに耳を傾けようとするでしょう。しかも、聴衆の未来の行為《アクション》を暗示するようなたとえをちゃんと示しています。

「3つのA」のような頭文字やフレームワーク（型）を使ったキャッチーな表現は、聴衆にスピーチを聴くにあたってのロードマップを示す効果的な方法です。「A」がどんな単語の頭文字なのか教えたくなっても、まだここでは黙っていましょう。スピーチが進むにつれてだんだんと明らかになっていくのが、聴き手にとってうれしいことなのですから。

私は「3つの○○」というのを非常によく使います。それは〝3〟が最もとっつきやすい数字だからです。

3つのステップ、3つのテーマ、3つの戦略、3つのヒント、3つのテクニック、3つのツール——どれを使ってもだいじょうぶ。

こうした数字を使う効果を疑うようなら、ほかにも例をあげてみましょう。スティーブン・コヴィーのおかげで、成功する人々に共通する7つの習慣というのを、誰もが知るようになりましたね。みなさんも7つすべて挙げられるのではないですか。モーゼの十戒というのもありますし、権利章典を構成する合衆国憲法の修正10箇条というのもあります。ジャック・ウェルチはリーダーシップに必要な4つの〝E〟を提唱しました。この〝E〟が何の頭文字なのか、みなさんきっとご存じですよね。

オープニングで やってはいけないこと

スピーチを始める方法はいくらでも応用が利くので、先人たちと同じ罪を犯さないためにも、ほんとうなら悪い見本も少しは見ておいたほうがよいでしょう。当然ながら、TEDはTED.comにアップするビデオを厳選しています。

しかし、選び抜かれたビデオでさえ、言い間違いや不適切な言い回し、あるいは誰かを侮辱したり攻撃したりするような表現を排除するための編集がなされていることに、みなさんは気づいていないかもしれません。そのため、お粗末なオープニングを見つけるのは不可能なのです。

それでも、世の中には悪い例が山のように存在します。そこから得た教訓を、簡単にまとめておきましょう。**まず、オープニングに引用を用いないこと。たとえコアメッセージに関連したものであっても、陳腐な印象を与えるだけです。同じ理由で、ジョークではじめるのもいただけません。たとえやんわりとであっても、聴衆を攻撃するような言葉は使わないこと。**

ディルバート[*4]（米国のマンガの主人公）のネタを使うのもやめましょう。

聴衆への感謝の言葉ではじめるのもよくありません。感謝したいのであれば、スピーチの終わりにしましょう。「話をはじめるまえに……」と言ってはじめるのもよくありません。だって、もうスピーチをはじめているのですから。

もうひとつ、たいてい失敗に終わるオープニングのタイプがあります。アクティビティ・オープニング、つまり聴衆に動きを求めるオープニングの手法です。インターネットには、動画共有サイトに投稿されたビデオのなかに、カリスマリーダーの話題を扱った一風変わったスピーチがあります。内容はとても有益なものですし、プレゼンターのスキルも申し分ありません。しかしながら、私はこのオープニングに対して強く異議を唱えます。プレゼンテーションをはじめるにあたって、彼は聴衆を立ち上がらせ、胸に手を当てたまま、後ろを向いて1歩前に踏み出すよう求めます。そのまま、続けてこう言うのです。

「上司にプレゼンテーションはどうだったと尋ねられたら、こう報告しておきますよ。私は聴衆を立ち直らせ（got them on their feet）、その心に触れ（touched their heart）、考えを変えさせて（turned them around）、正しい方向へ進ませました（got them moving in the right direction）、とね」

うまく企んだものですね。しかし、聴衆を一人ひとりじっくり見てみると、その多くは自分たちがいいように操られていたことに気づいたようなしぐさを見せています。しかも、この仕掛けはプレゼンターのコアメッセージとはほとんど、あるいはまったく関係がありませんでした。結局、いろいろな意味で、このオープニングが本当のカリスマリーダーのメッセージを台無しにしてしまったのです。

しかし、どんなルールにも例外があります。「アクティビティ・オープニングは避ける」というルールにもそれは当てはまります。聴衆の興味を引くことができ、なおかつ純粋な目的をもった、コアメッセージと関連のある動きであれば、効果を発揮することもあるのです。その一例として、TEDx FiDi Women に登場したレジーナ・トーマスハウザー[*5]（ママ・ジーナ）のケースを紹介しましょう。

彼女の目的は、パワー、情熱、熱意、創造性を生みだす手段として、女性たちに喜びをありのまま受け入れてもらおうというものでした。スピーカーから響き渡るピットブル（アメリカのラッパー）の『I Know You Want Me』のサウンドに乗って、ママ・ジーナは3人の男性にステージへと担ぎ上げられます。男性たちが彼女をステージに降ろすと、ママ・ジーナはいきなり踊りだし、「みんな、一緒に踊ろうよ!!!」と叫びます。カメラが客席を捉えると、みんな即座に立ち上がり、ビートに乗って足踏みしています。音楽が止むと、ママ・ジーナが話しはじめます。

どう、楽しかったでしょ？　気に入った？　私が何をしていたかわかる？　あなたたちの身体を一酸化窒素であふれさせてたのよ！　なぜだかわかる？　楽しい経験をしたら、いつだって身体に大きな影響がでるの。たった30秒間楽しい思いをしただけでも、あなたたちの身体に酸素がめぐりはじめるの。一酸化窒素があふれだし、今度はそれがベータエンドルフィンやプロラクチンといった神経伝達物質を刺激するのよ。

このケースでは、活動——ダンス——とメッセージのあいだに100パーセントの関連性がありました。ママ・ジーナは彼女の情熱と目的を、叫び声にのせて伝えていたのです。

こうしてオープニング部分を終えたら、スムーズに本論へと移りましょう。

要点

〈プレオープニング〉は、聴衆のテンションとあなたのスピーチのトーンが合っていない場合に活用すると効果的。

〈オープニング〉には、パーソナル・ストーリー、ショッキング・ステートメント、インパクトのある質問のいずれかひとつを選ぼう。

〈ポストオープニング〉では、スピーチにかかる時間と聴衆がスピーチから得る恩恵を、明確に約束する。

＊1　アナリスト。10年以上にわたって多くの成功者にインタビューし、彼らの人生を検証。そこから導き出した成功の秘訣を自らの著作 "The 8 Traits Successful People Have in Common：8 to Be Great" として発表。

＊2　イギリス出身。ＢＢＣで放送された料理番組『裸のシェフ（Naked Chef)』で、世界的な人気を博す。英米各地を回り、子どもたちへの「食育」活動に取り組む。

＊3　ＭＩＴメディアラボでは認知機械グループを率いる。子どもがいかにして言葉を習得するのかを研究し、機械のコミュニケーション能力向上を目指す。

＊4　米国で20年以上愛読されている新聞連載マンガ。エンジニアのディルバートを主人公に、米国サラリーマンの日常をユーモアと皮肉を込めて描く。

＊5　米国の作家。20年以上の研究や豊富な知識を通じて、現代女性の能力、創造性、情熱を最大限に開花させる生き方を教える。

第6章

スピーチの本論とつなぎ

CHAPTER 6

HOW TO BUILD YOUR SPEECH BODY AND TRANSITIONS

みなさんはこれからビルを建設しようとしていると想像してください。最初はまず、きちんとした土台造りと、壁や屋根を支えるための規則の適用などを学ばなければいけません。はじめて建てたビルは、構造支柱がむき出しで、少々ずさんな出来かもしれません。それでも、ビルが倒れずに建っているという点では安心です。やがて経験を積んでくると、建築家ルイス・サリヴァンの言葉のように機能に形状を合わせることを学びます。

構造要素を見えないようにしたければ、それを隠し、目立たせたければむき出しにするすべを学ぶのです。シカゴで初期の超高層ビルを設計したルートヴィヒ・ミース・ファン・デル・ローエの〝スキン＋ボーンズ〟スタイルをまねてもいいし、ビルバオ・グッゲンハイム美術館を設計したフランク・ゲーリーのうねるような脱構築主義のスタイルを適用するのもいいでしょう。

聴衆をつなぎとめる“焦らし”のテクニック

スピーチ作りは、まさに現代建築と似ています。スピーチの初心者が構成について真っ先に学ぶべきことは、フレームワーク（型）を使った土台造りです。**スピーチのフレームワークとは、聴衆にこれから話す内容を告げる→本論にはいる→話した内容をまとめる、という構成のこと。**これは貴重なアドバイスで、これさえ覚えておけば、スピーチは崩れることなく、ちゃんと自立したものになります。しかし、慣れないうちはこのアドバイスをあまりにも文字どおりに解釈してしまい、こんなスピーチをしてしまうかもしれません。

冒頭《オープニング》：フルーツには身体によいものもあれば、肥満を招くものもあるのはなぜでしょう？　今から10分後、みなさんは人々の寿命を延ばすと証明されたスーパーフルーツのリストを手に、この会場をあとにすることでしょう。その3つのフルーツとは、アサイー（アサイーベリー）、ゴジベリー（クコの実）、ザクロです。

本論：では、第1のスーパーフルーツ、アサイーの健康効果を探っていきましょう。

満足な構造をもたないスピーチに比べれば、まともな出だしだと言えるでしょう。聴衆にスピーチの目的を正確に理解させていますし、スピーチが終わるころにはこの3つのフルーツがなぜ健康と長生きをもたらしてくれるかが納得できますよと約束しています。

それでも、やはり問題点はあります。スピーチのキモとなる部分をはじめからさらけ出している点です。では、スピーチのレベルをさらに上げるには、どうすればよいでしょう。**カギは、あなたのレパートリーに焦《じ》らしのテクニック、「つなぎ」を加えることです。**

では、スーパーフルーツのスピーチでつなぎの入れ方を考えてみましょう。この架空のプレゼンターはいきなり3つのスーパーフルーツをすべて明かしてしまっています。**より上級のアプローチとしては、聴衆に自分自身のことを考え、もっと情報が欲しいと思わせるようなコメントや質問をすることです。**

たとえば、「健康で活動的に10年長生きさせてくれる3種のスーパーフルーツがあると言ったら、あなたはどうしますか？　しかも簡単に手にはいり、朝・昼・晩いつでも手軽に食べられるとわかったら、どうでしょう？」。こう質問された聴衆は、3つのフルーツについてもっと詳しい話を聴いてみたい、なんなら買い物リストに加えてもいいな、そんな気持ちになるでしょう。しかも、こうして焦らされると、聴衆はそれぞれのスーパーフルーツの詳細が明かされるまで、興味を失いません。あなたには、これらのフルーツに世界中の人々を多少なりとも長生きさせる力があることを証明するチャンスが与えられるのです。

メインパートは3つのセクションで

スピーチの主要部《メインパート》は、フレームワークでいうと「本論」、つまりあなたがほんとうに伝えたい内容を披露する場面です。多くの場合、オープニングで「これから何が話されるのか」を提示しています。そうなると、メインパートでは「なぜ」と「どうすれば」を明らかにしなければなりません。

私がここで強くお勧めしたいのは、スピーチの長さ（時間）にかかわらず、メインパートを3つのセクションで構成する方法です。18分間のスピーチなら、6分間のス

ピーチよりも個々のセクションをより詳細なものにすればよいだけです。それ以上でもそれ以下でもなく、3つのセクションを設けることで、あなたはスピーチの目的をつねに念頭に置くことができ、聴衆はあなたのメッセージを記憶に留めやすくなります。

スピーチの構造は3つのタイプから

スピーチの構造にはさまざまなタイプがありますが、何を選ぶかはあまり問題ではありません。どれかひとつを選ぶ、それが大事なのです。とくに効果的なスピーチ構造として、①〈現状―問題提起―解決策〉型、②時系列型、③アイデア・コンセプト提起型の3つのタイプがあります。

〈現状―問題提起―解決策〉型は、3部構成の旅へと聴衆を誘《いざな》い、聴衆の考え方を変えたり、何か行動を起こす気にさせたりするのに最も効果的な方法です。

第1のパートでは、現在の状況を非常に中立的な立場で説明します。みなさんはいま、聡明で好奇心が強く、それでいて充分な予備知識をもたない誰かに、背景事情を説明していると想像してください。

第2のパート、つまり問題提起のセクションでは、「この現状に欠陥があるのはなぜなのか」を説明し、聴衆の興味をがっちりつかみます。欠陥とは、問題があるという意味だけではありません。チャンスが隠されてしまっていることも、欠陥のひとつです。最後のパートでは、第2パートであなたが提示した問題を完全に排除するための、あるいはチャンスを100パーセント活用するための解決策を提案します。

TED Global 2009に登場した、作家でアル・ゴア元副大統領のスピーチライターも務めていたダニエル・ピンク[*1]は、〈現状―問題提起―解決策〉型のフレームワークを使って、生産性を上げつつ、同時に知識労働者の幸福度を向上させるアイデアを披露しました。その概要を紹介しましょう。

〈現状〉記録にあるかぎりほとんどの時代において、経営者は外発的動機づけである"If-Then"式の報酬（アメとムチ型報酬）に頼って、労働者のやる気を引き出してきました。このやり方は、機械的作業においてはたしかに効果を発揮してきました。

〈問題提起〉これとは対照的に、知識労働者はやりがいなど内的報酬によって大いにやる気をかき立てられます。実際のところ、金銭的なインセンティブのような外的報酬が実際には創造的作業の生産性を下げているのです。〈解決策〉未来のリーダーたちは、労働者のやる気向上のために、自主性、熟練（成長）、目的を軸とした新たなオペレーティングシステムをインストールする必要があるのです。

時系列型のスピーチは、トークの流れを組み立てるのに非常に効果的な方法です。

TEDには、記憶をさかのぼって自身の過去を語るプレゼンターもいます。TED2009に登場した、『食べて、祈って、恋をして』の著者エリザベス・ギルバート[*2]もそのひとりです。不安をはねつけ、正直に自分を出しつづけることが大切と訴えるスピーチのなかで、ミズ・ギルバートは、古代ローマからルネサンスの時代、そして現代へと受け継がれてきた創造性を人々はどう受け入れてきたかを、時の流れに沿って語っています。

もっと一般的な例では、スピーチの中心的アイデアにつながるプレゼンター自身の原体験にスポットライトを当てたケースもあります。ナイジェリアの作家、チママンダ・アディーチェは、文化的多様性を理解し、ついにはそれを受け入れるに至った彼女自身の旅路を、このアプローチを用いて語っています。西洋の古典文学にはじまった幼児期の読書体験、アフリカ人作家の発見、アメリカで過ごした大学時代の体験、そしてメキシコへの旅――時代を追って、彼女は自身の歴史へ聴衆を導きました。

比較的短めのTEDトークでは、アイデア・コンセプト提起型が多くみられます。これを、デイヴィッド・レターマン[*3]の「トップテン・リスト」型のプレゼンと捉えてみてください。**完全なストーリーを語る充分な時間がない場合には、ベストプラクティス、事実、議論などを列挙するうえで、このタイプはとても効果的な方法だといえます。**コンセプトを提示する順序は入れ替わることもよくあります。

ここでは、リチャード・セント・ジョンが提示した「成功のための8つの秘密」を例にあげてみましょう。

（1）（自分のやっていることを）好きでやる、（2）全力で働く、（3）練習と集中、（4）自信のなさや失敗はどこかへ押し出そう、（5）他人のために価値あることをやる、（6）偉大なアイデアを生みだすために、物事に耳を傾け、よく観察する（あとの2つを知りたければ、実際に彼のTEDトークを見てください）。

論理的な事実と感情に訴えるストーリーの組み合わせ

スピーチの構造がどのタイプであれ、すぐれたTEDトークは、各セクションが右脳と左脳をバランスよく刺激するように構成されています。ストーリーや活動《アクティビティ》は

感情を司る右脳を刺激します。事実や戦略、ヒント、テクニックなどは、論理的な事項を司る左脳に働きかけ納得させます。**スピーチの目的は、聴き手にものの見方を変えさせる、あるいは行動を起こす気にさせる、のいずれかです。**

スピーチを進めるうちに、話し手は聴衆を心の旅に連れ出します。事実が語られると、もともと好奇心が強く懐疑的な人間の脳は、論理的な異議を唱えだします。**話し手は、事実を述べれば異議が生じることを予測し、それに言及することも、異議を認めることもできます。**

ここで、命にかかわるピーナッツアレルギーをもった子どもがいると想像してください。さらに、同じ保育園に通う子どもの親たちを相手に、子どもが学校に通うようになっても弁当にピーナッツバターとジャムをはさんだサンドイッチをもたせないよう説得している場面を想像してください。事実のみに基づいたアプローチなら、こんなスピーチになるでしょう。

「みなさんは、アメリカ人全体の0.5パーセントが命にかかわるピーナッツアレルギーをもっていることをご存じですか？　つまり、150万人のアメリカ人にとって、ピーナッツバターとジャムをはさんだサンドイッチは銃と同じくらい危険なものなのです」

身近な友人や家族にこうしたアレルギー患者がいる人たちであれば、このアプローチで納得してもらえるかもしれません。それ以外の人たちは、同情と関心を寄せながら話を聴いているものの、家に帰れば、子どもの弁当箱にピーナッツバター&ジャムサンドイッチを詰めてしまうのです。

スピーチに真の影響力をもたせるには、論理的な事実と感情に訴えかけるストーリーを上手に組み合わせなければいけません。じつは、私にとってこのピーナッツアレルギーの例は身につまされる現実なのです。よい機会ですから、統計だけに頼った先のスピーチに次のようなストーリーを加えてみたいと思います。

あれは2002年8月のある暑い日のことでした。私の妻と義理の両親が2歳になる娘のエマを連れて、ジャージー海岸で水遊びや砂の城を作って楽しもうと、ピクニックに出かけました。その帰り道、あるパン屋に立ち寄り、娘にピーナッツバタータルトを1切れ与えました。帰りの車の中で、赤い発疹がひとつ出たかと思うと、あっという間に2つになり、やがて数え切れないほどになり、娘の小さな身体はいたるところ赤く腫れ上がっていきました。

車が私道に入ってきたとき、私は何も知らずに、娘を出迎えようと玄関の外でそわそわしていました。両親はエマを風呂に入れてはどうかと言いました。私は娘のようすを一目見るなり、車に乗りこみ、時速90マイル（140キロ）で近所の救急病院へ向かいました。待合室にいるあいだに、娘は「パパ、だいすき」とつぶやくと、そのまま意識を失ってしまいました。私ははじかれるように椅子から立ち上がり、ぐったりした娘の身体を抱いて、「誰か、誰か助けてください！」と叫んでいました。

幸いなことに、医者がすぐさま駆けつけて、アドレナリン注射を打ってくれたおかげで、娘の命は助かりました。

このストーリーにすべての人が心を動かされるわけではないでしょうが、事実だけを伝えるスピーチに比べれば、はるかに説得力があるはずです。

それぞれのセクションを進めるなかで、頻繁に質問をぶつけることにより、聴衆に自分自身の生活を振り返ってもらいましょう。比較的小さなフォーラムであれば、じかに返答を聞き出すこともできるでしょう。聴衆が大勢になっても、質問はしてかまいません。これが、スピーチを会話に変える方法です。聴衆は心のなかで反応を返すこともできますし、ボディランゲージで反応を見せることもできます。

統計値については——大きな数字の場合はとくに——鮮烈な印象を与え、相手の心を動かし、個人個人に直接関わるような類推《アナロジー》や隠喩《メタファー》を使って説明することが大切です。次の2つを比べてみてください。「7000万人のアメリカ人が心臓病を抱えながら、日々生活しています」、「あなたの周囲の3人にあなたを含めた4人のうち、ひとりは心臓病を抱え、それによってやがて命が奪われます」。大きな違いがあるのがわかるでしょう。

話題の移動には時間とテクニックを使おう

同じように、第5章に登場したジェイミー・オリバーのオープニングも、巧みなテクニックを使って、こう説明しています。

「これから18分間のスピーチを終えるまでに、アメリカ人の4人が食が原因で亡くなるでしょう」

本章のはじめに、スピーチの冒頭部《オープニング》から本論の第1セクションへとスムーズに移行する方法を学びました。簡単にまとめると、スムーズな移行のカギは、聴衆の関心をつなぎとめておく〝焦らし〟を活用することです。

冒頭部《オープニング》は短いので、通常、つなぎの〝焦らし〟で充分です。**けれども、メインパートである本論のひとつのセクションから次のセクションへ移る場合には、もう少し工夫が必要です。**

本論の各セクションには、比較的長めの時間をかけるのが一般的です。18分間のTEDトークであれば、5分程度です。**この場合、あなたが語ったストーリーや、紹介した事実をもう一度振り返る（コールバックする）ことで、そのセクションをまとめる必要があります。**ナイジェリアの作家、チママンダ・アディーチェは、TED Global2009でのスピーチでこれを完璧にやっています。

私が読んだことのある本はどれも登場人物が外国人だったので、本とは本来登場人物が外国人で、私には感情移入することのできない内容でなければいけないのだと思い込んでいました。（間）ところが、アフリカの本に出会って、すべてが一変しました。当時、アフリカの本はあまり出回っていませんでした。だから、洋書ほど簡単に手に入るわけではありませんでした。

（TED Global2009：チママンダ・アディーチェ「シングルストーリーの危険性」より）

このつなぎの部分では、イギリスの本を読んで育った体験について、すでに彼女が語っていたストーリーや事実をおおまかに振り返っています。彼女は、「ところが……すべてが一変しました」というつなぎのフレーズの前に、少し間《ま》を置いています。そして、メインパートの各セクションで用いた情熱的なトーンに比べて、つなぎの部分では、少し抑えた普段の会話のようなトーンを用いています。

アディーチェはつなぎの部分を目立たないようさらっと流しながら、これからアフリカの文学がイギリスやアメリカの文学といかに対照的であるかを語ります、というシグナルをはっきりと聴衆に送っているのです。

要点

前のセクションのキーメッセージを強調し、次のセクションではどんな恩恵を見いだせるのかと、聴衆を焦らす「つなぎ」を組み入れよう。

〈現状―問題提起―解決策〉型のスピーチ構造を用いて、3部構成のメインパート（本論）を組み立てよう。

論理的な事実と感情に訴えかけるストーリーを上手に組み合わせよう。

＊1　クリントン政権のロバート・ライシュ労働長官の補佐官を経て、アル・ゴア副大統領のスピーチライターを務める。現在は作家としてビジネス書などを執筆。"Drive : The Surprising Truth About What Motivates Us"（『モチベーション3.0　持続する「やる気！」をいかに引き出すか』講談社）など著書多数。

＊2　米国コネチカット州出身の作家。大ベストセラーとなった"Eat, Pray, Love"（『食べて、祈って、恋をして』武田ランダムハウスジャパン）はジュリア・ロバーツ主演で映画化された。ＴＥＤ２００９では天才と呼ばれる人たちの創作の秘密とその知られざる苦悩について語った。

＊3　米国のコメディアン。人気番組『レイト・ショー・ウィズ・デイヴィッド・レターマン』の司会者。「トップテン・リスト」は番組内のミニコーナーで、時事ネタや不条理ネタの「○○なことトップテン」をカウントダウン形式で発表するもの。

第7章

スピーチの締め方

CHAPTER 7

HOW TO CONCLUDE YOUR TALK

さあ、いよいよスピーチの締め、結論の草案を作る段階にきました。

スピーチが結末に向かっているという明確なシグナルを送ると、聴衆の関心は一気に高まります。ですから、ここでどんな言葉を使うかがとても重要になってきます。

「結論として……」などといった言葉で切り抜けることもたしかに可能です。ですが、もっとよい締めの言葉があるはずです。

締めくくりでやるべきこと、やってはいけないこと

たとえばこんな表現はどうでしょう。「そろそろ本日の旅も終わりを迎え、新たな未来がはじまろうとしています……」、「いよいよ、決断のときがやってきました……」。
スピーチの結末は、聴衆にものの見方を変えさせる、あるいは何か行動を起こす気

にさせる最後のチャンスです。ここで必要なのは、切迫感を生みだすことです。ひとつの方法として、文章を短くし、情熱のこもった声で話すのが効果的です。

さらに、**スピーチの結末は、すべてがあなたの中心テーマと結びついていなければいけません。**結末部分であなたが目標とするのは、聴衆が受けるはずの恩恵――「なんのために」スピーチを聴いていたのか――を強烈に印象づけることです。変化を起こすのは大変なことです。だからこそ、**聴衆が正しい方向に動き出せるように、今日にでもできる簡単な次のステップを示してあげてください。**必要なら、「もし失敗すれば、その結果……」といったぐあいに、相手の恐怖をあおるようなカードを切るのもいいでしょう。

聴衆に変化を求めるスピーチをした以上、ここで聴衆の立場に立って、最後にどんな異議・反論があるかを自身に問いかけてみましょう。話し手の立場でこれをやるのは難しいことかもしれませんから、できれば友人を巻き込んでわざと反対の意見を出してもらうのもよいでしょう。**聴衆が最後に抱くであろう疑問には、かならず言及しなければなりません。**

TEDトークの締めくくりとしてぜったいにやってはいけないのが、月並みな読書感想文的まとめをすることです。さらに、スピーチの最後になって、新たな材料を出

してくるのもいけません。

ＴＥＤプレゼンターがスピーチを締めくくるスタイルにはさまざまなものがあります。最も一般的なのは、冒頭で使ったパーソナル・ストーリー、ショッキングな統計値、インパクトのある質問を繰り返す（コールバック）スタイルです。もうひとつは、希望を与えるストーリーです。一般的には、スピーチの本論で述べた「どうすれば」を実践したあなた以外の誰かがその後どうなったかを語ります。

ここで注意したいのは、結末で語るストーリーの主人公をあなた自身にしないこと。そんなことをすれば、あなた自身がスターになってしまい、せっかくあなたと聴衆とのあいだにできた心のつながりが絶たれてしまいます。

もっとはっきりしたかたちで、行動を起こすよう求めたり、インパクトのある質問を投げかけたりすることもできます。あるいは、キャッチフレーズの前半部分をあなたが言い、あとの部分を聴衆に言ってもらうよう促すのもよいでしょう。たとえばサイモン・シネックなら、まず自分が「人は『何を』ではなく」と言い、そこで少し間《ま》を置いて、聴衆に「『なぜ』に動かされるのだ」というフレーズで締めてもらうこともできます。

終わりが近いことを明確に知らせる

ヒューストン大学の社会福祉学教授[*1]ブレネー・ブラウンは、私がこれまで聴いたなかで最も効果的なスピーチの締め方をＴＥＤトークのなかで披露しました。ブラウン博士がめざしたのは、人々に心のもろさ（傷つきやすさ）についての考え方を変えてもらうことでした。

心のもろさは苦しみの源《みなもと》だという考え方から、パワーの源だという考え方へ。満たされた人生、そして他人を満たす人生を送りたいなら、心のもろさをありのままに受け入れましょうと、彼女は聴衆に語りかけます。最後に、次のようにスピーチを締めくくり、自身のメッセージを強く印象づけました。

でも、もうひとつ別の方法もあるのです。それをお話しして、締めくくりといたします。これは私がこれまでの人生で見つけたことです。自分をありのままにさらけ出しましょう。心の奥底にあるものもすべて。心のもろさもすべてです。そして、心から誰かを愛しましょう。見返りが何もなかったとしても。そして、

それがとても大変なことだったとしても。私はひとりの親として、それが耐えがたいほど困難なことだと知っています。

感謝と喜びをつねに心がけましょう。恐怖におびえるときも。「そんなに愛せるかしら？　そんなに強く信じられるかしら？　そんなに激しい感情をもてるかしら？」と戸惑うときも。どんなことが起こるだろうかと大騒ぎせず、ただ立ち止まって、こう言ってみましょう。「なんてすばらしいんでしょう。だって自分がこんなに傷つきやすいと感じるのは、生きている証だもの」

そして最後に、私が最も大切だと思うのは、私たちは充分に満たされていると信じることです。「私は充分に満たされている」と信じるところからスタートすれば、泣き叫ぶのをやめて、人の言葉に耳を傾けられる。周囲の人たちに今までよりも優しく親切にできる。そして、自分自身にも優しくなれるのです。

今日はどうもありがとう。

（TEDx Houston：ブレネー・ブラウン「傷つく心の力」より）

注目してほしいのは、スピーチが結末に向かっていますよというシグナルを送るた

めに、ブレネー・ブラウンはつなぎのフレーズをひとつではなく、3つ使っているという点です。

「でも、もうひとつ別の方法もあるのです」、「……締めくくりといたします」、「これは私がこれまでの人生で見つけたことです」――。

これらのフレーズのあいだには、聴衆の注意を引くため、「間《ま》」が置かれています。

彼女のスピーチの結末部分はとても説得力があり、なおかつ人々の感情をゆさぶり、そして一人ひとりの胸に届くものです。彼女が投げかける質問は、自信を失いがちな人々の心の琴線に触れ、会場のテンションがぐっと高まります。そこで、彼女はすぐさま気持ちを奮い立たせるアファーメーションを教えてくれます――「私は充分に満たされている」。

より良いものを求めてばかりいると、今ある良いものも見失ってしまう――そんな彼女のメッセージに触れると、ほぼ完璧なこのスピーチに手を加えるのは少々憚《はばか》られるのですが、**もし私がひとつだけ変更を加えるなら、「私」や「私たち」を主語にした言葉を「あなた」を主語にしたものに置きかえます。**

締めくくりをめぐる
〝永遠の論争〟

さて、スピーチを締めくくるにあたって、最後に考えておきたいポイントです。スピーチの最後にあなたの口から出る言葉は「ありがとう（ございました）」であるべきか。これは永遠に議論が分かれるところです。

賛成派は、聴衆とのつながりを確固たるものにするために、最後に感謝の意を態度で表すのだという意見です。反対派は、この言葉が中心的メッセージを食ってしまうし、プレゼンターの自信にわずかに生じたほころびを露呈することにもなりかねないと反論します。

どちらも理に適っていますし、逆にいえば正解などどこにもないのかもしれません。私に言えるのは、**ほとんどすべてのTEDプレゼンターが「ありがとう（ございました）」でスピーチを締めくくっているので、この慣習に従っても問題はないということです。**ただ、別の方法をひとつ紹介するなら、ナイジェル・マーシュの言葉がよいでしょう。彼はワーク・ライフバランスの実現に関するスピーチをこう締めくくっています。「そして、私はこれこそ広める価値のあるアイデアだと思っています」

スピーチ全体をとおして、ストーリーと事実をうまくミックスさせることが大事だとお話ししてきました。ストーリーは、まさにスピーチの中核です。なぜなら、変化を求める欲求は、理屈ではなく感情に突き動かされるものだからです。第8章では、TEDプレゼンターがどのようにして感動的なストーリーを作っているのかを見ていきましょう。

要点

スピーチが結末に向かっていることを明確に知らせる言葉を使おう。

あなたのアイデアを強く印象づけてくれる「WHY（なぜそうするのか）」を伝えよう。

聴衆に行動を起こすよう求める際には、次に聴衆が取るべき簡単なステップを示し、さらに切迫感を与えると効果的。

＊1　10年以上に亘って、人間の弱さが人生に何をもたらすかについて研究。2010年のTEDx Houstonにおけるスピーチはネットを通じて900万人以上に視聴された。

第8章

ストーリーを語る

CHAPTER 8

HOW TO TELL STORIES

聴衆がやたらと髪をいじったり、さかんに目をこすりだしたりするのは、ほとほと退屈している証拠。聴衆にそんな思いをさせたいなら、TEDトークに許された18分のあいだずっと事実ばかりを並べ立てていればいいでしょう。そのせいで、TEDの運営者から追い出されることはありません。でもストーリーを語ろうと思うなら、スピーチの3つのパート――冒頭《オープニング》、本論、結末――のどこにでもチャンスはあるのです。

自身の脳卒中を自ら研究したジル・ボルト・テイラーのように、ひとつの長いストーリーを語ってもいいですし、多くの優秀なTEDプレゼンターたちのように、いくつかのストーリーを続けて語ってもかまいません。

ではまず最初の質問。どんなストーリーを語ればよいでしょう？　安直な答ですが、**自分の経験や自分が見たものからストーリーを引き出すのがベストです。**でも、そうでなければいけないかと訊かれれば、答は「ノー」です。**このルールの例外としてひ**

とつよい例をあげるなら、人生に関するアカデミックな研究からストーリーを引き出すことです。

五感に訴える表現で、〝語らずに示せ〟

『Blink』(『第1感――「最初の2秒」の「なんとなく」が正しい』光文社)、『The Tipping Point』(『急に売れ始めるにはワケがある――ネットワーク理論が明らかにする口コミの法則』[*1]ソフトバンク文庫)の著者で、多方面にわたり通俗心理学の記録を綴っているマルコム・グラッドウェルが、有名な〝パスタソース〟スピーチのなかでこれを実践しています。

彼のコアメッセージは、「人間の多様性を受け入れることが幸福へのいちばんたしかな道である」。人は1種類のパスタソースでは満足せず、多種のパスタソースを求めるものだ、といった内容です。これを証明するために、グラッドウェルは別の人物についてのストーリーを語っています。

そこで、今日は代わりにここ20年間で最もアメリカ人の幸福に貢献した人物の話をしましょう。私にとって彼は偉大なヒーローです。名前はハワード・モスコウィッツ。パスタソースの改革で一躍有名になりました。[*2]

ハワードは背が低く、でっぷりした体型の60代の男性です。大きな眼鏡をかけ、白い髪が薄くなりつつあるとはいえ、とても元気でバイタリティーにあふれています。オウムを飼い、オペラを愛し、中世の歴史が大好きです。

（TED2004：マルコム・グラッドウェル「パスタソースと幸せについて」より）

この限られた文章のなかで、マルコム・グラッドウェルは目立たないけれど鮮やかなテクニックを2つ使っています。

第1に、熟年で少し奇抜な風貌をしたハワードの姿が目に浮かぶような表現をしています。**これは、ストーリーテリングの〝語らずに示せ〟のルールに従っています。**「モスコウィッツ氏は、でっぷりとした体型の万能型教養人です」と紹介することもできたでしょうが、これではハワードの人物像を〝語って（説明して）〟いるだけです。ハワードがオウムにも、オペラにも、中世の歴史にも関心をもっていると紹介することで、グラッドウェルは同じ目的をより効果的な方法で果たしています。つまり、きわめて感覚的にハワードという人物を表現しているのです。

決して語り手がヒーローになるな

第2の特徴は、ハワード・モスコウィッツをヒーローに据えるという賢明な選択です。プレゼンターとして最もやってはいけないことは、あなた自身をヒーローに祭り上げることです。せいぜい聴衆と同等、場合によってはガイド役の立場に身を置くこと。けっして聴衆よりも優位に立ってはいけません。そのためには、**あなたにまつわるストーリーのなかで、あるいはあなたが選んだ別の人物のストーリーのなかで、あなた以外の人をヒーローにするのはとても効果的な方法なのです。**

そうすれば、自身の失敗や欠点、あるいは不満などを語ることができ、あなたは普通の人間として聴衆に受け入れられます。私の大好きなスピーチ・エキスパートのひとりであり、1999年に話術やスピーチの技量を競うトーストマスターズ世界大会のチャンピオンとなったクレイグ・バレンタインは、「(聴衆と)似たところがあるという印象を、〝特別な方法〟で与えるとうまくいく」と言っています。**その特別な方法とは、自分を目立たせずに伝えるということです。**

『食べて、祈って、恋をして』の著者、エリザベス・ギルバートは、TED2009で図らずもこのルールを破り、自分の身に降りかかった突然の成功について語っています。

ちょっと変わったことといえば、最近本を書き上げました。『食べて、祈って、恋をして』というタイトルの回想録で、明らかにこれまでの作品とは違っています。どういうわけかこの本は世界各国で出版され、大センセーションを巻き起こし、世界的ベストセラーになってしまいました。

（TED2009：エリザベス・ギルバート「創造性をはぐくむには」より）

エリザベス・ギルバートは2度とこんな成功は果たせないという自虐的なジョークの前段階として、まったく悪気なく自身の成功に触れているのですが、ダメージは否めません。しかも、スピーチが終わる直前に、次回作を「きまぐれな成功に続き、恐ろしく危険なほど期待されている作品」と称し、また同じことをしでかしています。

ミズ・ギルバートはよかれと思ってやったのでしょう。彼女は自分の成功に率直に驚いたのです。おそらく、この世でいちばん驚いたのでしょう。問題は、自身の成功に対する驚きを伝えたいだけだとしても、それが話し手自身をスターに祭り上げてしまうことです。

しかし、この掟破りな行為は、ミズ・ギルバートにとって致命的な失態とはなりませんでした。自信のもてない自分を乗り越え、心のなかからわき出る情熱にしたがいなさいと語る彼女のスピーチは、動画の視聴数の多さで上位にランキングされているのですから。このスピーチは、私を含む何百万もの人々にプラスの影響を与えたのです。とはいえ、**たとえそんなつもりはなかったとしても、あなた自身を偉く見せるのは避けたほうが無難です。**

キャラクターを上手く使い、聴衆をストーリーに引き込む

一般的なスタイルのストーリーを選んだら、つぎにプロットを構築します。まず登場するキャラクターを設定し、つぎに聴き手の感情をかき乱すような葛藤がその登場キャラクターを襲い、やがてそれが終結するといったストーリーの定石を使えば、まず失敗することはありません。これが古典的なヒーローの旅、もしくはヒーローの冒険と呼ばれるものです。

欠点や複雑な事情を抱えたどこにでもいそうなキャラクターを登場させることが、心躍らせるストーリーの基本です。登場するキャラクターの特性とわが身を（あるいは誰かを）重ね合わせることで、聴き手は自分自身や自分にとって大事な人を主人公に見立てます。

こうした結びつきが生まれやすいように、**登場するキャラクターについてはその特徴がうまく伝わるような言葉を選んで、ストーリーの最初に紹介しておきます。**この目的に照らせば、ストーリーに登場するキャラクターには人間がいちばんぴったりきますが、会社や動物、あるいは何らかの状況など、あなたの目的に合っていれば何でもかまいません。また、来たるべき葛藤の舞台を設定するためにも、**キャラクターの求めているものや願望が聴衆にはっきりと伝わることが大切です。**

登場キャラクターやその行動を再現することで、聴衆をあなたのストーリーに誘い込み、あなたと一緒にストーリーを追体験させましょう。登場キャラクターにはそれぞれ際だった個性をもたせます。その態度やしぐさ、声のトーン、特徴的な性質、胸に抱いている願望。それぞれのキャラクターが何をしたかを説明するのではなく、いきいきとした会話を用いて表現しましょう。ある程度の脚色はかまいません。

ポイントは、スピーチを行うステージ上に登場キャラクターの固定位置を設けるこ

とです。あなたがあるキャラクターを演じるときには、決まった固定位置に立ちます。ナレーションを入れる場合は、聴衆の側に1歩踏みだし、再度キャラクターを演じるときには元の位置に戻ると効果的です。

登場キャラクターと彼らが求めているもののあいだに障害物を置くことで葛藤を生みだし、聴衆の共感や問題を解決したいという願望を引き出します。時間が限られている場合は、障害物をひとつ投入するだけでも高い効果をもたらします。とはいえ、**できればキャラクターたちの鼻先につねにニンジンをぶらさげつつ、乗り越えなければならない障害を徐々に大きくしていくことがベストな戦略といえます。**それによって緊張感とサスペンスが生まれます。立ちはだかる障害は、心の中の葛藤、人間関係における葛藤、社会的葛藤のいずれでもかまいません。

ストーリーのクライマックスでは、ハリウッドのシナリオライターたちのベストプラクティスをまねてみましょう。たんなる「善か悪か」の選択では、安易で面白みに欠けます。頼りになるヒーローは、旅の行程をひとつ進むたびにつねに1歩進んだ行動を取るのです。だから、ヒーローには一筋縄ではいかない選択をさせましょう――どちらに転んでも幸せな状況で、より希望がかなう方を選ぶストーリー、あるいは、こちらのほうがよく使われますが、**どちらに転んでも痛し痒しの状況でどちらかまし**

な方を選ぶストーリー。これでストーリーはぐっと面白くなります。

ストーリーはかならずハッピーエンドか悲劇的な結末で終わります（たしかにクリフハンガー［中途半端な終わり方で続きを気にさせる手法］という第3のオプションもありますが、これは続編のある映画におまかせしましょう）。ハッピーエンド、つまりうまく問題が解決して終わるストーリーは、聴衆をインスパイアする意味でとても効果的です。「私にもきっとできる」と聴衆に信じさせることができるからです。

一方で、警告的なストーリーは、教訓を与えるという意味で有効です。しかし、喜びは苦しみよりも強力で長く維持できるモチベーションとなり得るので、**私は多くの場合、問題が解決しハッピーエンドを迎えるストーリーをお勧めします。**ストーリーの結末は、人々に英知を伝えるチャンスです。ストーリーに対してあなた自身が感じたとおりのエンディングにすれば、そこに感情が表れることでストーリーに深みが増します。

惨事を扱ったストーリーの終わりには、建築関係や警察官など危険な職業に就いている聴衆に、安全がいかに尊いかを浸透させておきましょう。

「よく聴いてください。でないと、不注意から起こる回避できるはずの事故で命を落とすことになりかねませんよ」

これほど注意を呼びかける効力の強い言葉はありません。**悲惨な結末で終わるストーリーを語るなら、最後に時間を取って、どうすれば主人公は悲劇的な運命を避けられたのかを探ってください。**

ストーリーを解釈するなかで、聴き手が積み重ねられた英知を見つけだしてくれれば、それが優れたストーリーのあかしです。あからさまに結果に注目させないところが、巧妙なのです。**聴衆にストーリーの真髄へと近づいてもらうには、心に響く個人的な内容をふんだんに盛りこみ、細部はいきいきと五感に訴えるストーリーにすることです。**

「苦難を克服」で、聴衆を心の旅に連れて行こう

ストーリーは客観的でなくてもかまいません。じつを言うと、何より説得力があるのは、主観的な視点から語られたストーリーなのです。感情があふれ出すほどでないといけませんが、それがかなうのは、あなたが確固たる信念を表すときだけなのです。面白いひねりを加えるなら、さまざまな視点から続けざまにひとつのストーリーを語るという手もあります。

たとえ希望の見えない環境にあっても、悲観的なストーリーより楽天的なストーリーのほうがはるかに成功しやすいものです。できれば、最初に問題点を認め、つぎに明るい結果に向かうのがよいでしょう。人々が心から求めているのは、信頼できるたしかな話し手と信憑性のあるストーリーですが、情熱的で楽しい話し手やストーリーも同時に求められているのです。

実際にあなたのストーリーにおけるエモーショナル・アーク（感情の変化を表す図式）を描いてみるのもよいでしょう。エモーショナル・アークは、登場キャラクターが現在の状態から望ましい状態へと移る、段階的進歩を示しています。

次頁の図では、未来が危機的状況にさらされて立ち往生している登場キャラクターが、A地点《ポイント》（現状）から旅をはじめます。同じように、聴衆も健全なる猜疑心を抱きながら、つまり現状から抜け出せないなどとは微塵も思わぬまま、A地点から旅をはじめます。B地点で、主人公は最初の障害物に遭遇しますが、積極的に前に進もうと行動を起こします。

けれども、C地点で、主人公は自分の取った行動は必要であったが、充分ではなかったと悟ります。

さらに、D地点では、また別の難題にぶつかりますが、それを乗り越える行動を取

図1．ストーリー・アークの例（エモーショナル・アーク）

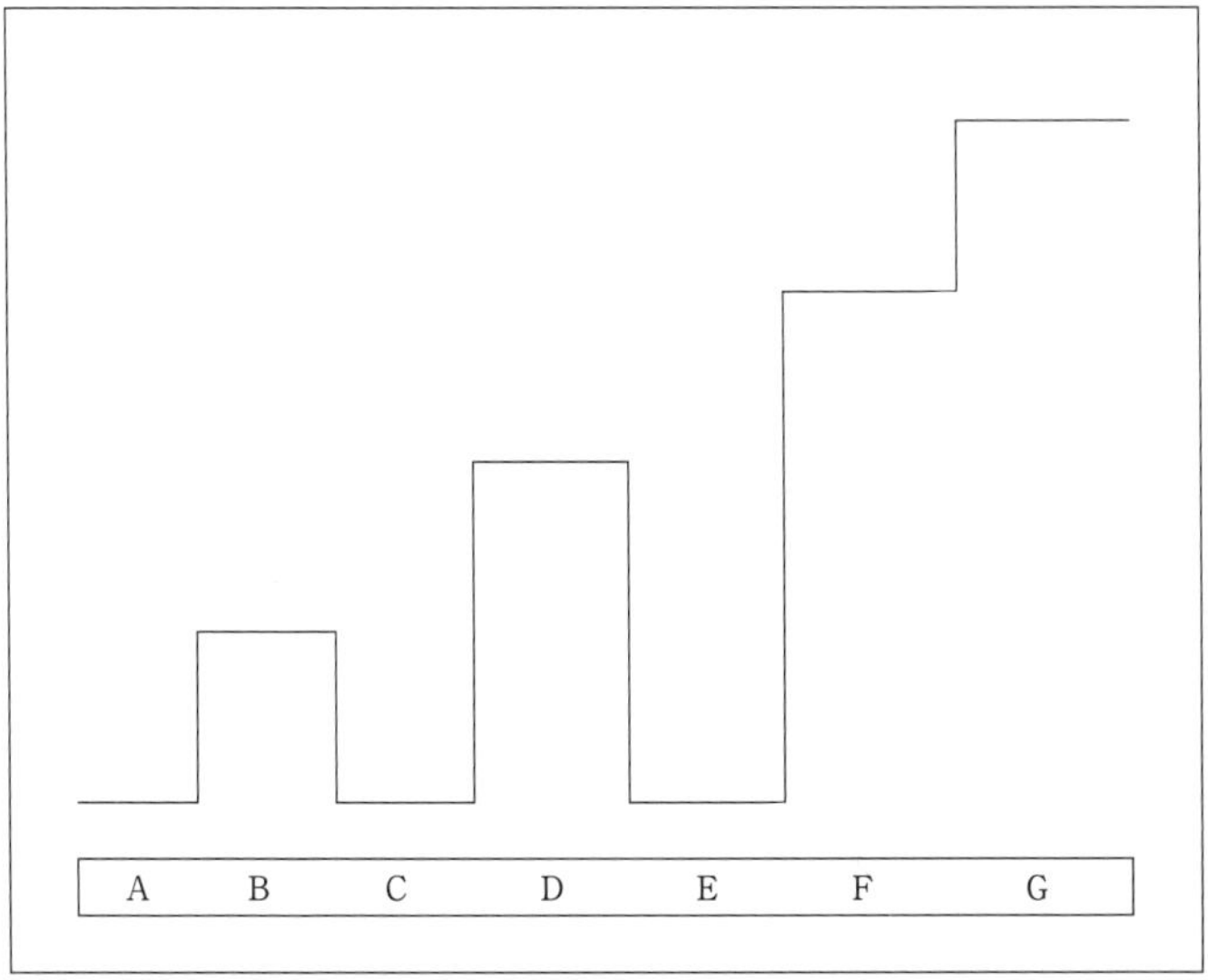

ります。

またもや、E地点で、主人公は2番目の行動も必要ではあったが、やはり充分ではなかったことを悟り、緊張がふたたび生じます。

F地点では、3番目にして最も厳しい難関が待ち受けます。3つの行動を組み合わせることによってのみ、主人公はG地点で望ましい状態に到達し、苦難の先につかんだ新たな平穏を享受します。アーク全体は、3つの行動あるいは3つの戦略を含んでいます。

スピーチでは、各キーポイントでストーリーと事実の強力なワンツーパンチが繰り出されます。本章で説明したテクニックを使えば、会話をふんだんに盛りこんだ、心をゆさぶるスピーチを作りあげることができます。

第2部では、TEDに登場するストーリーテリングの達人たちの言葉や言葉以外による伝達のスキルをどうやって活用すればよいのかを学びましょう。

要点

あなたが経験したことや見たものから、ストーリーを引き出そう。

「語らずに示せ」を実践すること。それには、五感にいきいきと訴えかける表現や、実際に存在しそうなキャラクター、豊富な会話を活用する。

登場キャラクターが冒険の途中で障害物に遭遇し、それを乗り越えながら、最後には成功を手にする――そんなストーリーを語りながら、聴衆を心の旅に案内しよう。

＊1　イギリス出身の作家、ジャーナリスト。幼少時に家族とともにカナダへ渡る。大学卒業後、「ワシントン・ポスト」紙記者を経て、1996年より「ニューヨーカー」に寄稿。著書に“Outliers：The Story of Success”（『天才！　成功する人々の法則』講談社）。

＊2　世界的に著名な実験心理学者として市場調査方法を考案。共著に“Selling Blue Elephants：How to make great products that people want BEFORE they even know they want them”（『モスコウィッツ博士のものづくり実験室「心の中の商品」を作ろう！』英治出版）

第II部

伝え方とスライドデザイン

Part II

DELIVERY & DESIGN

第9章

スピーチを成功させる言葉の使い方

CHAPTER 9

HOW TO MASTER YOUR VERBAL DELIVERY

ＴＥＤのステージで洗練されたスピーチを披露するには、言葉の使い方をマスターしなければなりません。さいわい、練習の機会はいくらでもあります。スピーチといってもしょせんは普段の会話の拡張版ですから。これはもちろん両刃の剣です。普段の話し方に問題があれば、プレゼンテーションではそれが何倍にも目立ってしまいます。

でも、だいじょうぶ。少し練習すれば、スピーチであれ普段の会話であれ、あなたの話し方はこれまでとまったく違ったものになります。

小学6年生が理解できるレベルの言葉で

きちんとした訓練を受けたストーリーテラーやパフォーマンスとして詩や散文を朗読するスポークン・ワード・アーティストといった人たちを除けば、ＴＥＤプレゼン

ターが採用する話し方の傾向には、2つのタイプがあります。

あなたが学者や教育関係者なら、コメディ映画『ナッティ・プロフェッサー』でエディ・マーフィーが演じたクランプ教授になった気分で話すのもいいかもしれません。このスタイルは、見ればすぐにわかります。脳が「うわーっ、こいつはとびきりの専門バカだね、しかもそれが自慢のようだ」とわめきだすでしょうから。

TEDプレゼンターの多くは、誰かに1対1で熱心に語りかけるようなトーンを採用しています。**それをうまくやるコツは、まず自分自身の声で（言葉で）語ること、そしてあなた自身の信頼性やテーマへの関心、さらには謙虚さを示すことです。**専門用語を使わず、普段使っているわかりやすい言葉で、完結した短い文章を語りましょう。


平均的なTEDトークでは、小学6年生が理解できるレベルの言葉が使われます。

あなたがどれほど熱中し、強い興味を抱いているかは、あなたの好奇心の強さ、対象への驚嘆、あるいは畏敬の念を表現すれば、伝わるものです。謙虚さを示したいなら、自分は専門知識や経験を伝えるガイド役だと考えることです。**エゴを見せてはいけません。ほんの少しでも自己PRの匂いがしようものなら、聴衆は一気に興味を失います。**

スティーブ・ジョブズは、情熱的に語りかけるタイプの代表例です。２００５年のスタンフォード大学卒業式での感動的なスピーチからもそれは感じとれますが、その後の数年間に行われたMacWorldでのスピーチを聴けば、よりはっきりと理解できるでしょう。

彼のスピーチには、〝amazing（すごい）〟や〝incredible（信じられない）〟といった「最高」を表す言葉がいっぱい詰まっています。人々はジョブズの言葉を聴いて、彼がこの世界をよりよい場所にしようと現状に挑みつづけていることを確信し、自分も彼の〝聖戦〟に加わりたいと思ったのです。

「えーっと」「あのー」を防ぐには

ここで、一般の人が陥りやすいスピーチの傾向をひとつお話ししましょう。多くの**スピーチに、言葉の間《ま》を埋める言葉（filler words）、いわゆる「間もたせの言葉」がはびこってしまっています。みなさんも覚えがありませんか？** ついつい「間もたせの言葉」を使ってしまうのは、沈黙に堪えられないからです。

最も一般的なのは「えー」、「えーっと」、「あのー」といったそれ自体意味のない言

葉ですが、その〝発展型〟として「それで」、「じつは」など本来意味のある言葉が話の間をもたせるために使われる場合もあります。ときには唇で小刻みに音を鳴らすなんてこともあるでしょう。同じ間を埋める言葉でも、「〜とか」、「あの、ほら……」、「〜みたいな」、「なんだかちょっと……」などは、無意識のうちに使われるわりに、とても有害です。話し手の未熟さが露呈するばかりでなく、内容が不確かだという印象を与えてしまうからです。

「間もたせの言葉」の蔓延を防ぐには、〝一気に話し、適度に間を置く〟テクニックが有効です。間を置くことで、話の流れに区切りをつけます。間を上手に取ると、「間もたせの言葉」が減るだけでなく、自制の利いた人物というオーラが醸しだされます。わずかな沈黙によって、次に話すべき考えをかき集め、それを組み立てる時間が生まれます。

話し手のメリットばかりでなく、間を置くことによって、聴衆にはいま聴いた内容を頭のなかで整理する時間が与えられます。少し長めの間を置くと、ちょっとした（だけど力強い）感嘆符が付いたように、話した内容がドラマチックに強調されます。間が、聴衆の注意を引きつけるのです。間は、いつでも享受できる贈り物なのです。

つねに「あなた」という言葉を使おう

間の取り方をマスターして「間もたせの言葉」をおおかた排除できたら、声にバリエーションをつけて、スピーチに聴衆の興味を引きつけましょう。まずは声の大きさを調節するところからはじめます。穏やかな低い声で話すと、聴衆は座席に掛けたまま身を乗り出し、注意を向けはじめます。大きな声で話せば、聴衆の注意を引きつけることができます。

どちらの場合も、**胸いっぱいに深く息を吸い、最後列の人にも声が聞こえるようにしっかり声を出しましょう。**次に、話すスピードを変化させます。たとえば、興奮を高めたければ、話すスピードを徐々に速め、文章を短く切ります。ドラマチックな演出をしたければ、声の高さに変化をつけ、話すリズムを変えたり抑揚をつけたりしてみましょう。

話し方のテクニックは、発声だけでなく言葉の使い方にもおよびます。**聴衆の関心を高めるには、情景が目に浮かぶような、いきいきと五感に訴えかける言葉をふんだんに使いましょう。**五感のなかでも、視覚、聴覚、嗅覚に訴えるのは簡単です。です

が、状況によっては、味覚や触覚を刺激することだって可能です。

ここで気をつけたいことがひとつ。**いくら強いインパクトを与えて聴衆の頭に明確なイメージを刻みつけたとしても、だらだらと話していたのでは、その効果は帳消しになってしまいます。**

1936年に刊行された古典的名著『人を動かす』（山口博訳、創元社刊）のなかで、著者[*1]デール・カーネギーはこう言っています。

「**名前は当人にとって、もっとも快い、もっとも大切な響きをもつ言葉であることを忘れない**」

10人以上の人たちに話しかける場合、一人ひとり名前で呼ぶというのは現実的ではありません。何百人、何千人ともなればなおさらでしょう。けれども、**つねに「あなた」（「たち」をつけずに単数形で）という言葉を使うようにすれば、相手との距離がぐっと近づきます。**じっさいに多くの視聴数を集めるＴＥＤプレゼンターたちは、「あなた」という言葉を「私」の2倍も多く使っているのです。

「あなた」の複数形、つまり「あなた方」「みなさん」「全員の方々」「何人かの方々」はなるべく使わないよう気をつけましょう。話し手であるあなたと聴衆全体を一緒にして「私たち」と呼ぶのも同じことです。「みなさんのうちどのくらいの人たちが……ですか?」と尋ねるよりも、「あなたは……ですか?」あるいは「あなたがもし……だというなら、手をあげてください」と言ってみてください。

要点

誰かに1対1で熱心に語りかけるようなトーンで話そう。

声の大きさや話すスピードを調節して、話し方に変化をつけよう。

聴衆に、単数形の「あなた」で話しかけよう。

＊1　米国の実業家、自己啓発ビジネス書の元祖として知られる。

第10章

スピーチにユーモアを盛りこもう

CHAPTER 10

HOW TO ADD HUMOR TO YOUR TALK

私はもともとユーモアに長けた人間ではありません。少なくとも自分ではそう思っています。それでも、ときには誰だって自分のなかのコメディアンの部分を引き出したくなるものです。本章では、プレゼンテーションにユーモアを盛りこむためのシンプルなテクニックをいくつかお話ししましょう。

まず基本原則として覚えておきたいのは、ユーモアの根は「驚き」にあるということです。人は期待を裏切る展開や、傷つきやすさをあざ笑うような〝ひねり〟が大好きです。話の最後にオチが用意されているのは、そのせいです。

たとえば、イギリスのコメディアン、ジョー・パスカルはこんなジョークを口にしています。

「あれが僕のハシゴ《ステップラダー》さ。（継父を意味するステップファーザーにかけて）実のラダーは、僕が3歳のときに家を出ていっちゃったんだよ」

あるいは、みなさんが数学オタクか、あるいはそういう人が身近にいるなら、こんなジョークはどうでしょう。

「独立変数っていうのは（数学オタクと同じで）、仲間がいなくても自分だけで満足できるもののことをいうんだ」

どちらの例でも、**脳が期待するものを覆す意外な展開が最後に用意されているところから、ユーモアが生まれています。**

自虐ギャグを放て、大げさに話せ、権威をこき下ろせ

自虐的なユーモアは簡単で、なおかつ効果絶大です。私たちは、社会人として、体裁を保つことに汲々としています。ですから、話し手が心のガードをはずして人間らしさをのぞかせると、聴き手は自然とうれしくなって笑うのです。判断ミスをしたと打ち明けられても、笑います。性格の欠点をあからさまに話されても、笑います。他人が身体の痛みを語っているのさえ、笑うのです――もちろん、相手がちゃんと生きていればの話ですが。アメリカの映画監督、メル・ブルックスは一歩突っ込んで、こんなふうに説明しています。
「（あなたから見れば）あなたの爪が割れるのは悲劇で、私がマンホールに落ちて死

ぬのは喜劇でしょう」
　2008年のTEDトークで、脳科学者のジル・ボルト・テイラーは、たまたま自分の身に起きた脳卒中をどのように研究したかを語りました。ふつうなら涙を誘うトピックです。ところが、ミズ・テイラーは自分がいかに学者ばかであるかをさらけ出すことで、聴衆を笑いの渦へと誘い込んだのです。

　その瞬間、私の右腕は脇腹の横で完全に麻痺していました。そして、悟ったのです。「まあ、大変！　私、脳卒中起こしてる！　脳卒中よ！」。でも次の瞬間、私の脳はこう囁いたの。「わあ！　すごいじゃない。これはすごいことよ！」。自分の脳を徹底的に調べるチャンスに恵まれた脳科学者なんて、そうそういないでしょ？
（TED2008：「ジル・ボルト・テイラーのパワフルな洞察の発作」より）

事実を大げさに語るのも、笑いを誘ううまい手です。事実を大げさに語ってユーモアを表現するには、どこにでもいるありふれた人物をありえない状況に置く、あるいはどこにでも転がっていそうなありふれた状況にありえない人物を登場させる、といった方法があります。たとえば、誰かがとんでもない危険を平然と無視して突き進む、ささいなことに度を超した反応を示す、たわいもないことに意地になっている、といったたぐいです。

現在、視聴数の多いＴＥＤトークランキングのトップに君臨しているケン・ロビンソン卿は、ありふれた状況にありえない人物――シェイクスピア――を登場させました。

シェイクスピアにも子供の頃があったなんて考えたことがありますか？

7歳のシェイクスピアなんて想像できます？

私は想像したこともありません。

でも、たしかに彼にも7歳の頃があったんです。誰かの国語の授業を受けてたたんですよ。うっとうしかったでしょうね。「もっと一生懸命やりなさい」とか言われてたんでしょうか。父親がベッドまで引っ張っていって、「早く寝ろ」とかシェイクスピアに言ってたんでしょうね。あのウィリアム・シェイクスピアにですよ。「鉛筆を置きなさい。そんな話し方するんじゃありません。みんな混乱するでしょ」とかね。

（TED2006：ケン・ロビンソン「学校教育は創造性を殺してしまっている」より）

人は権威を少しばかりこき下ろす笑いも大好きです。 笑いを研究する専門家によれば、聴き手が優越感を感じることで起こる笑いだそうです。ただしこの手のユーモアは、聴くに堪えない、悪趣味だとも取られかねないので、TEDトークでも日常の会話でも避けたほうが無難でしょう。とはいえ、学者や政治家をネタにするなら問題ないと、支持する意見もあります。

社会科学者のハンス・ロスリングは、世界の経済発展を扱った2006年のTEDトークで、学術的に非常に優秀な人々をユーモアの標的にしました。

ところがある日の深夜、このレポートをまとめていたとき、私はある発見に気づいたのです。統計的にいうと、スウェーデンの優秀な学生たちの世界情勢に関する知識は、チンパンジーよりも著しく低いということです。（会場笑）……私はカロリンスカ研究所の教授たちにも、ぶしつけな調査をいたしました。ノーベル医学賞を授与する人たちです。その結果わかったのは、彼らはチンパンジー並みだということです（笑）。

（TED2006：ハンス・ロスリング「最高の統計を披露」より）

ユーモアは、会話の多いストーリーに入れるとうまくいきます。先にあげたジル・ボルト・テイラーの例では、自分がどう感じたかを説明するのではなく、心のつぶやきのなかにうまくユーモアを取り込んでいます。同じように、ケン・ロビンソン卿はシェイクスピアの国語の先生や父親の言葉のなかにユーモアを入れています。

ジョークの頻度は1分間にひとつ

笑いを誘うフレーズをたたみかける〝リフ〟のテクニックも身につけたいものです。

「基調演説なら、どの程度ユーモアが必要だろう？」

みなさんのなかには、そう疑問に思っている人もいるでしょう。その疑問に答えるために、まずは極端な例を考えてみましょう。（ナイトクラブなどで客を笑わせる）プロのコメディアンの場合、1分間に4、5回ジョークを連発します。さすがにこれは基調演説では多すぎますし、どのみち普通の人にはなかなかできません。一方で、

TEDトークに登場したビル・ゲイツは10分間に1度の割合でジョークを入れていましたが、これではあまり盛り上がりません。

あまり科学的な分析ではありませんが、私の調べたところ、**最も多く視聴されているTEDプレゼンターたちは、基調演説のなかで平均1分間に1度の割合でジョークを入れています。多くても1分間に2つです。**ただし、ジョークはまんべんなく入れればいいというものではありません。ひとつジョークがウケたら、さらに笑いを誘い込めるフレーズを3つほどたたみ込むのです。ケン・ロビンソン卿はこのテクニックをみごとに使いこなしています。

プレゼンターとしてステージに立つと、私たちには言葉以上の武器があることをたまに忘れてしまうことがあります。とりわけユーモアとともに、より多くの笑いを引き出せる言葉以外のテクニックがいくつかあります。**いちばんシンプルなテクニックは、ユーモアに顔の表情やジェスチャーをシンクロさせることです。**（コメディ俳優の）ジム・キャリーは、顔の表情をフルに使って人を笑わせる、当代きっての天才です。ただ、プレゼンテーションではそこまでする必要はありません。眉を上げて目を大きく見開くだけでも、聴衆に笑いのサインを送れます。ユーモアはストーリーのなかに織り込むことが多いので、会話をしている相手の言葉に顔の表情で反応するだけでもいいのです。身体を使ったり動きを見せたりするのも、同じように笑いを増長させる効果があります。たとえば、身体を異様に動かすだけで、登場人物が苛ついているようすや、びくびくしているようすを表すことができます。

笑いを取る秘訣は、より多くのジョークを試すこと

人を攻撃するようなジョーク以外に、もうひとつスピーチでは避けたほうがいいユーモアがあります。**どこかで聞きかじった、あるいは何かで読んだようなジョークは、ぜったいに使ってはいけません。**

この手のジョークは往々にして公の場や道ばたで使われているものです。以前にそのジョークを聞いたことのある人たちは、あなたのことを独創性のない人間だと切り捨てるでしょう。それを聞いたことのない人たちでも、それが使い古されたものだと即座に感じとるものです。

一発ギャグという昔ながらの芸は、すでに時代遅れです。最近のコメディアンたちは、世の中で話題となったコメントや自分の経験をふくらませて、笑いをとっています。**みなさんも自分自身のストーリーのなかで、登場人物やその会話、あるいは話の**

筋をうまく脚色することで、オリジナルなユーモアを披露してください。

人前でスピーチをするのはそれだけでも神経をすり減らすものです。そのうえジョークを交えるとなると、緊張が一層増すことでしょう。そんなときは落ち着いて、自分に問いかけてみましょう。

「最悪の事態って何だろう？」

最悪の事態は、ジョークが不発に終わり、誰も笑ってくれないことですね。でも、だからどうだというのでしょう？　誰もそんなこと覚えていません。あなたのジョークがウケなかったことを、お茶の時間に話題にする人もいません。それであなたが一文無しになるわけでもありません。

次にスピーチをする機会があれば、ぜひともユーモアにチャレンジしてください。**発明と同じで、より多くの笑いを取るコツは、より多くのジョークを試してみることです。ただひとつ、下品なネタに走らないこと。それだけは忘れないでください。**

要点

自虐的なジョークを放つ、事実を大げさに語る、権威をこき下ろす——これらのテクニックを使って、スピーチにユーモアを盛りこもう。

ユーモアは、会話のなかに取りいれよう。

ひとつジョークがウケたら、さらに笑いを誘い込めるフレーズを３つほどたたみ込む。こうして、１分間に平均ひとつのジョークを織り込もう。

第
11
章

身体を使ったコミュニケーション

CHAPTER 11

HOW TO MANAGE YOUR PHYSICAL DELIVERY

私がスピーチのスキルを上げたいと思いはじめたころ、スピーチのあいだ自分の両手をどうしたらいいのかわからないことが悩みの種でした。本を読んだり、人に尋ねたりしましたが、「あなたのやりやすいようにすればいい」といった意味のない一般論が返ってきたり、やってはいけないことのリストが挙げられていたりするだけでした。スピーチのあいだ、身体の一部をどうしておくのが理想的なのか、私は心の底から知りたいと思っていました。

基本は両腕を楽にして身体の脇に下ろしておく

何もジェスチャーをしていないとき、両腕をどうしておくのがいちばん落ち着くでしょうか？　まず、あなたが気の置けない友人と会話をしている場面を思い出してください。そのときやっているように、すればよいのです。**誰かに話しかけるとき、両**

手を楽にして身体の脇に下ろしておくのが、いちばん無理のない姿勢です。スピーチの場でも、これが最も有効な基本姿勢なのです。

多くの人は、両手を脇に下ろしておくのではなく、つねに両手は腰より高く上げておくのが正しい基本姿勢だと思っています。両手を合わせている人もいれば、離している人もいます。こうしていれば間違いなく立派なプレゼンターとみなされるでしょうが、少々不自然です。1日中こうして歩きまわっている姿を想像してみてください。自然な態度にも見えなければ、自信に満ちているようにも見えません。

覚えておいてください、つねに両手を腰より上げた状態で大切な誰かと会話をすることなんてできません。なぜなら、そこにバリアが生まれてしまうからです。少し離れていても、同じバリアを聴衆とのあいだに作ってしまうのです。どんな基本姿勢を選ぶにしても、左右対称の状態を保てる姿勢でないといけません。そうでないと、あなたの不安定な緊張感を聴衆が感じ取ってしまいます。

基本姿勢にはいろいろありますが、ぜったいに避けたほうがよいものをいくつか挙げておきましょう。

・局部を隠すような姿勢：両腕を下ろして、身体の前で組んでいると、自信がな

くておどおどしているように見えます。

・ポケット：ポケットに手を突っ込んでいると、無気力で関心がないように見えます。

・〝休め〟の姿勢：両腕を下ろして、身体のうしろで組んでいると、何か隠しているんじゃないかと勘ぐられます。

・腰に手：腰に手を当てていると、挑戦的で傲慢な態度に見えます。

・腕組み：腕を組むのは、何かを拒否するような挑戦的な態度です。

棒立ちにならないよう自然なジェスチャーで

次に、腰から上、首から下の部分で、自然なジェスチャーをしましょう。何らかのストーリーのなかで人目を気にしてそわそわしている人物を演じているのでなければ、顔や頭、髪、首のうしろなどを触るのは避けること。世の中には、手のジェスチャーが会話の一部として自然に組み込まれているという人が半数ぐらいいます。みなさんがこのグループに入るなら、普段やっていることをそのままやればだいじょうぶ。

でも私のように残り半分のグループに入るという人は、兵士のように突っ立ったままにならないように、なんとか手のジェスチャーを加えないといけません。最初はぎこちなく感じるでしょうが、そんな戸惑いはすぐに消えてしまいます。

普段の会話に手のジェスチャーを加えるのと、スピーチの場で行うのとの唯一の違いは、会場の規模に合わせてジェスチャーの大きさを加減しなければならないという点だけです。**聴衆の数が多ければ、見やすいようにジェスチャーも少々大げさなものにしないといけません。**

手を効果的に使ったジェスチャーは、ストーリーをサポートし、よりすばらしいものにしてくれます。けっしてストーリーを壊すようなことはありません。ジェスチャーをする場合もしない場合も、そこに聴衆の意識が向くようではいけません。

ときどき、うんざりするほど同じジェスチャーを繰り返す話し手もいますね。ジェスチャーの大半は腰から上、首から下の部分で行いますが、自分の周囲まで範囲を広げて変化をつけるのもよいでしょう。場合によっては、天に届くほど手を伸ばしてもいいですし、地面を掘るような真似をしてもかまいません。

緊張すると、まるで身を守るように肘を身体の脇にくっつけてしまいがちですが、両腕はつねに自由に動くようにしておきましょう。

子どものころ、人を指さすのは失礼だと教わりましたよね。なのに、人前でスピーチをしているときでさえ、多くのプレゼンターがこのルールを忘れています。**人を指さすのは、無礼とまでは言わないまでも、攻撃的な印象を与えます。**では、どうしても誰かを指し示したい場合はどうすればよいのでしょう？　それには2つ方法があります。

ひとつ目は、握りこぶしと親指を使って指し示す方法。小指を床と平行にして握りこぶしを作り、親指を聴衆のほうに向けて、人差し指の上に置きます。これは主張を強調したいときに使うとよいテクニックです。

これに比べると少しわかりにくいですが、より親しみが感じられるのは、手のひらを上に向けて突き出す方法です。まず肘を曲げて手のひらを上に向けます。そして、腕を聴衆のほうに伸ばせばいいだけです。

笑顔を絶やさず、まっすぐに立ち、聴衆とアイコンタクト

手や腕を動かすジェスチャーは、身体を使った意思伝達のひとつにすぎません。もうひとつのテクニックとして、積極的なボディ・ランゲージがあります。**初心者なら、**

聴衆に向かってとにかく笑顔をふりまきましょう。笑顔は穏やかな自信を伝えるだけでなく、話し手と聴衆とのあいだに信頼感を生みだす役目をしてくれます。

もちろん、ずっと笑顔でいる必要はありません。顔の表情はメッセージとシンクロさせることが大切です。積極的なボディ・ランゲージにはいろいろなものが含まれますが、**笑顔よりも重要なのは、まっすぐに立ち、身体のバランスを保つことです。**

顔を聴衆のほうに向け、足は肩幅に開き、両肩が足と垂直になるようにします。最後にもう一つ、効果的なボディ・ランゲージのコツをお教えしましょう。聴衆に向かって何か質問を投げかけたら、少し間《ま》を置き、「いま考えているんですね」と言うようにうなずきます。こうすると、聴衆が言葉を返していなくても、双方向の会話が維持できます。

笑顔と立ち姿勢をマスターしたら、次はアイコンタクトです。**アイコンタクトを上手にこなすカギは、聴衆の一人ひとりと、ワンセンテンスあるいは思考ひとつ（思いついたことひとつ）分ぐらいの会話を交わしているとイメージすることです。**そうすれば、聴衆のほうを向いて視線をあちこち動かしたり、床や天井をじっと見つめたりすることがなくなります。

つまり、**聴衆のなかの誰かに3秒から5秒ほど視線を止めるというパターンを、会**

場内でランダムに繰り返せばよいのです。スピーチが終わるまでに、会場内のすべての人に対して、1度は話しかけようとすればよいのです。話しかけている相手のほうに身体を向けて、視線を合わせるときは両目ではなく、片目をみつめます。科学的な根拠は知りませんが、**感情に訴えたいときは左の瞳を見つめ、論理的な議論をしたいときは右の瞳を見つめればよいと勧めてくれたスピーチのコーチがいました。**

右脳は感情を司る脳ですが、イメージについては左目から入ってきたものを処理します。左脳はその逆です。自分にはとてもそこまでできないと思うなら、とにかくどちらでもいいので片方の目を見つめましょう。会場がとても大きい場合には、全体を4つ程度のセクションに分け、1セクションをひとりの人間だと思って、1セクションに対して1分から3分間語りかけましょう。

アイコンタクトのバリエーションとして、ほんのわずかのあいだ目を閉じてみるのも、効果が絶大です。たとえば、何かを回想するようなシーンでこのテクニックは使えます。TEDプレゼンターの脳科学者のジル・ボルト・テイラーは、トークのなかで何度かこのテクニックをきわめて効果的なかたちで使っています。

ステージ上を動く際のテクニックと注意点

ステージ上をうまく動き回れるようになれば、あなたはもう一流のプレゼンターです。めざすのは、規律を保ったまま自然になめらかな動きができるようになることです。**ステージ上を動くのはただたんに変化をつけるためではありません。目的に沿った動きをすることが大切です。**さあ、書見台やスクリーンの縛りから自由になりましょう！

具体的なイメージが描けるように、あなたのいるスペースを、スピーチのさまざまなパートに対し一定の場所を割り当てた劇場の舞台だと想像してください。ストーリーを語る場合は、登場するキャラクターごとに物理的に決まった場所を割り当てます。時系列で説明を展開する場合には、まず聴衆の左手に立ち、説明が進むにつれ右手に移動していきます。聴衆のほうに向かっていくのは、重要なポイントを強調したり、聴衆との心のつながりを深めたりするのに、とても効果的なテクニックだと覚えておきましょう。

大事なポイントを話すときは、一箇所に留まったまま、足先を聴衆のほうに向けて

立ちます。そして話を止めて間を置き、場所を移動します。移動をやめたら、また話しはじめます。間を置くことで、ぎこちないムードが生まれることはありません。聴衆にいま聴いたばかりのポイントを頭のなかで整理し、次のポイントにそなえる時間を与えているのです。

当然、比較的長い距離を移動したいときもあるでしょう。そういう場合は、歩きながら話してもだいじょうぶです。けれども、**新たなポジションに移動したら、きちんと立ち止まって姿勢を正しましょう。**そうでないと、ただ意味もなく歩きまわったり、そわそわと行き来したりしているだけのように見えてしまいます。

作家で政治家のスピーチライターも務めていたダニエル・ピンクは、ＴＥＤ Ｇｌｏｂａｌ２００９に登場し、ステージ上で効果を発揮する動きとはどんなものかを見せてくれています。彼のコアテーマは、知識労働者のモチベーションを上げるために、企業は外的報酬から内的インセンティブへとシフトすべきだというものです。そのために、プリンストン大学の科学者サム・グラックスバーグが行った実験について説明しています。ダニエル・ピンクがステージを上手に使い、舞台をもりあげているようすがよくわかります。

彼は参加者を集めてこう言いました。

「これから、みなさんがこの問題をどれだけ速く解けるか、時間を計ろうと思います」

そして第1のグループにはこう言いました。

「時間を計るのは、標準を知りたいからです。一般にこの種の問題を解くのにどれくらいの時間がかかるか、平均を取りたいのです」

第2のグループには、報酬を提示します。

「問題を解く速さが上位25パーセントにはいれば、5ドル差し上げます。1番になれば、20ドル差し上げます」

（ＴＥＤ Ｇｌｏｂａｌ２００９：ダニエル・ピンク「やる気に関する驚きの科学」より）

ダニエル・ピンクは「第1のグループにはこう言いました」と言いながら、左側に移動し、左方向を指す身ぶりをしました。そして、「第2のグループには報酬を提示します」と言いながら、大きく3歩右へ移動し、右方向を指す身振りをしました。ダニエル・ピンクは会話や動き（移動）、ジェスチャーによって、会場でその実験が行われているかのように、象徴的に聴衆の一部を実験に参加している学生に見立てたのです。

もうひとつ忘れてはならない重要なアドバイスがあります。**聴衆が見ているあいだはいつでもステージにいるのと同じだと考えてください。**服装や身だしなみ、振るまいが、あなたのメッセージと一致していないといけません。プレゼンテーションをはじめる前の親密なムードづくりはもちろんのこと、**席から立ち上がる瞬間からまた自分の席に戻るまでのすべてが、あなたのパフォーマンスなのです。**

ステージに向かうときも、ステージから戻るときも、堂々と胸を張って歩き、状況が許すかぎり笑顔を惜しまないようにしましょう。

要点

まず両手は楽にして身体の脇に下ろしておく。腰から上、首から下の部分で、自然なジェスチャーをしよう。

顔の表情をメッセージにシンクロさせよう。

3秒から5秒間ほど、聴衆の一人ひとりと視線を合わせよう。大きな会場であれば、聴衆をいくつかのセクションに分け、それぞれに対して1～3分間ほど視線を向けよう。

第12章

印象的なビジュアル効果

CHAPTER 12

HOW TO CREATE VISUALS THAT INSPIRE

TEDトークといえば、画像をふんだんに使った洗練されたスライドデザインを思い浮かべる人も多いでしょう。それもたしかに事実ですが、**プレゼンテーションではスライドをまったく用いないのが最善の選択です。**実際に、動画の視聴数がベスト10にはいるプレゼンターのうち4人はスライドを使っていません。最多視聴数の記録保持者であるケン・ロビンソン卿も、そのうちのひとりです。

どうしても何かしら視覚《ビジュアル》効果があったほうがいいというなら、**スライドを使うかわりに、シンプルな絵を描くというのもしゃれた方法です。**

私がとても気に入っているのが、2009年のTEDx Puget Soundに登場したサイモン・シネックのプレゼンテーションです。18分間のプレゼンテーション中、サイモンはぴったり2分の時点でフリップボードに近づき、サインペンを手にとって、有名な〝ゴールデンサークル〟を描きはじめました。3つの同心円の的《まと》を想像してもらえばわかりやすいでしょう。

中心の円に〝ＷＨＹ〟、そのすぐ外側の円に〝ＨＯＷ〟、いちばん外側の円に〝ＷＨＡＴ〟があります。偉大なリーダーがいかにして人をインスパイアするのか、優れた企業がいかにして成功するのかが、このシンプルな絵で表現されているのです。これだけのことなら、特別な絵の才能なんて必要ありません。**シンプルで見やすく、意図がわかりやすい絵を描くことが大切なのです。**

スライドは画像を主体に、シンプルに

それでもプレゼンテーションでは何か頼るものがほしい、でも絵を描くのはいやだというなら、もちろん、スライドを使ってかまいません。ただし、これだけは肝に銘じておきましょう。**スライドはあくまでも聴衆の理解を助けるためのものであって、自分用の巨大なカンニングペーパーにしてはいけません。**

資金に余裕があり、とりわけ大事なプレゼンの場合は、デュアルテ・デザインや、『プレゼンテーションＺｅｎ』で有名なガー・レイノルズといった世界一流のプレゼンテーションデザイナーに依頼することを検討してみてもいいでしょう。そこまでの余裕がないなら、せめて彼らのすばらしい著作を買って、貪るように読むことをお勧

めします。

人気の高いTEDトークのなかでスライドを活用したものを見ると、そこには3つの異なるデザイン・アプローチがあることに気づきます。それぞれ〝ゴーディン・メソッド〟、〝高橋メソッド〟、〝レッシグ・メソッド〟として知られているものです。プレゼンテーションでは、このうちひとつのメソッドだけを使うのもいいですが、できれば2つ、あるいは3つすべてをミックスさせて、コントラストやバリエーションを加えることをお勧めします。

覚えておいてほしいのは、既存の画像を切り取ってくる、いわゆるクリップアートはぜったいに避けること、ビルド、アニメーション、ビデオの使用は最小限にとどめるということです。これらを使用すると、聴衆の注意があなたではなく、スライドに向いてしまいます。

〝ゴーディン・メソッド〟と〝高橋メソッド〟

プレゼンテーションで使用されるスライドの傾向が画像主体のものへと変わっていったのは、起業家でマーケティング・ビジョナリーとしても知られる[*1]セス・ゴーディ

ンの功績だと考えられています。

ゴーディンは、TED2003およびTED2009のTEDイベントで、スピーチをしています。〝ゴーディン・メソッド〟を活用するなら、解像度が充分に高く、掲載許可の取れている写真をスライド全体に映しだせばいいのです。**写真を使い、スライドの枚数を減らすのはなかなか巧みなテクニックです。こうすれば、聴衆は想像力を駆使しながら、自分で全体像を完成させてくれます。**

自分で撮った写真を使うのも、たしかにひとつの選択肢です。ただし、整理されていないたくさんの写真のなかから完璧な写真を見つけるには、苦労がいるかもしれません。代わりに、iStockphoto（アイストックフォト）やCorbis（コービス）、Getty Images（ゲッティ・イメージズ）、Fotolia（フォトリア）、shutterstock（シャッターストック）といったストックフォトのサイトから、ロイヤリティフリーや低価格の写真を購入するのもよい方法です。とりわけiStockphotoには、ユーザが使いやすいインターフェースと料金設定が用意されています。

こうしたフォトサービス・サイトでは、さまざまなサイズやファイルフォーマットの画像が提供されており、初心者には少々手ごわいかもしれません。大ざっぱに言うと、写真のサイズを使用するプロジェクターの解像度に合わせればよいのです。SV

ＧＡプロジェクターなら、８００×６００画素《ピクセル》で充分です。最近主流のプロジェクターなら解像度はＸＧＡ（１０２４×７６８）で、もう少しハイクラスのものになれば、ＳＸＧＡ（１２８０×１０２４）になります。

画像のサイズがインチとｄｐｉ（dots per inch＝1インチごとのドット密度）で表されている場合もあります。ｄｐｉはピクセルとほぼ同じと考えてかまいません。インチ数にｄｐｉを掛ければ、画像の解像度が得られます。

たとえば、横10インチ縦7.5インチ解像度１２０ｄｐｉの画像は１２００×９００となり、ＸＧＡ（１０２４×７６８）のプロジェクターで表示するには充分です。プロジェクターの最大解像度を超えて映写することはできませんから、大きな画像はお金と記憶スペースの無駄です。ファイルフォーマットについては、ＪＰＥＧ（ＪＰＧ）形式を使うようにしましょう。

この形式なら、写真のサイズとクオリティの兼ね合いがうまくとれます。ほかに選ぶとすればＰＮＧ形式で、ＧＩＦ形式（品質が劣る）やＢＭＰ形式（サイズが肥大化する）は避けてください。

ＴＥＤでも通用するスライドデザインの第2のアプローチは、〝高橋メソッド〟です。この名は、日本のソフトウエア・エンジニア、高橋征義《たかはしまさよし》にちなんで付けられました。このメソッドでは、わずかな数の単語を非常に大きな文字で並べればよいだけです。これは、見た目がぱっとしない7×7ルールに画期的な改善が加えられたものだともいえます。

7×7ルールとは、7つの「・」（箇条書きの頭に付ける黒丸）と各黒丸ごとにわずか7語以下の言葉を並べて、スライドを作る方法です。一般に見られる多くのスライドと比較すれば、7×7ルールだって非常に優れたアプローチです。しかし、TEDのプレゼンテーションで披露するには、あまりに素人っぽいものになってしまいます。TEDの聴衆は、黒丸付きの箇条書きを見ただけで眉をひそめてしまいますから。

〝レッシグ・メソッド〟は〝ゴーディン・メソッド〟と〝高橋メソッド〟の混合型です。ご想像どおり、このメソッドでは、画面いっぱいの画像とシンプルな文字をミックスさせています。たとえば、顔を上げて右側を見ている人物か動物の画像を載せたら、その視線の先に文字を置けばできあがりです。

あなたのメッセージに合った書体を選ぶ

どのメソッドを使うにしても、スライド用のグラフィックデザインにおいていちば

ん重要な法則は、〝less is more（要素が少なければ少ないほど効果的）〟です。余白をたっぷりとりましょう。個々のスライドについては「シンプルで美しく」、全体としては「調和のとれた」ものを作りましょう。**初心者なら、プレゼンテーションのポイントを理解してもらうのに最低限必要な数の言葉と、直接関わりのある画像を使えばよいでしょう。**

繰り返しになりますが、**あなたの声は、細部を補足的に説明するサウンドトラックの役割です。最低限必要な要素しか盛り込まないミニマリズムは、その適用範囲が使用するフォントや色、画像の数にもおよびます。**

ミニマリズムは、そこに含まれるコンセプトの〝密度〟にも適用されます。「だからどうなのか」というメッセージをひとつしか含んでいないのが、効果的なスライドです。もし1枚のスライドに円グラフを2つ描いているなら、それは2枚のスライドに分けましょう。プロのスピーチコーチであるクレイグ・バレンタインがすばらしいガイドラインを示してくれています。

「あなたがここから旅に出て、そして戻ってくる場所として、スライドを使いなさい」

これ以上の説明は無用でしょう。

多くのデザイナーは、ひとつのデザインにひとつのフォントしか使いません。スライドにはたいていタイトルや、短いヘッドラインスタイルのキーメッセージが含まれているので、Arial を含む Helvetica の変形を使用するのが、ベストな選択といえます。**どのフォントも何かしら感情を引き出すので、あなたのメッセージに合った書体を選ぶことが大切です。**Helvetica は、ニュートラルだけど権威のある雰囲気を漂わせるので、その意味でもほとんどのプレゼンテーションに適しています。よく見かける看板や企業ロゴのほとんどは、このフォントでできています。

複数のフォントを使いたい場合は、同じフォントファミリーに属するものを使いましょう。フォントには、サイズだけでなく太さ（細字、中字、太字）にもバリエーションがあり、イタリック体のような別の属性もあります。あまり多用しない程度に異なる色のフォントを使ったり、これらのバリエーションを利用したりすると、コントラストが生まれます。しかしこれによって、もっと違う何かを求められる特殊な状況に追い込まれるかもしれません。その場合、フォントの技術的な知識が少し必要になってきます。

Helvetica はサンセリフ体[*2]といって、文字の縦線の上下に見られる〝ひげ飾り〟（MやHの縦線の上下についている短い水平線）〈セリフ〉がない書体です。Helvetica とほかのファミリーのフォントを組み合わせたいなら、セリフ体[*3]（セリフのついたフォント）かスクリプトフォント（筆記体）を用いて、意図的にコントラストをつけるのがいちばん効果的な方法です。

Helvetica のようなサンセリフ体はヘッドラインなどに向いており、Times New Roman のようなセリフ体は長めのフレーズや文章などに向いています。小さな飾りのおかげで、聴き手の注意が文字に向けられるからです。広告などをよく見ると、Helvetica がタイトルに使われ、Times New Roman が本文に使われているのがわかります。あまり独創性もなければ、気の利いたやり方でもありませんが、効果が実証されているのでいたるところで使われていますし、私たちにとってはすばらしい選択肢だといえるでしょう。

Times New Roman がかもしだすのは、古典的で信頼できる雰囲気です。太字でコントラストをつけたいなら、スクリプトフォントを使うとよいでしょう（何度も言いますが、使用は慎重に）。私のお勧めは、エレガントな手書きの雰囲気をかもしだす Lucida Calligraphy（カリグラフィー書体）です。

〝less is more〟の法則は、色の使用にもあてはまります。**使用する色の数はせいぜ**

《参考》欧文書体見本

・Arial

ABCDEFGHIJKLMNOPQRSTUVWXYZ

abcdefghijklmnopqrstuvwxyz

1234567890

・Helvetica

ABCDEFGHIJKLMNOPQRSTUVWXYZ

abcdefghijklmnopqrstuvwxyz

1234567890

・Times New Roman

ABCDEFGHIJKLMNOPQRSTUVWXYZ

abcdefghijklmnopqrstuvwxyz

1234567890

・Lucida Calligraphy

ABCDEFGHIJKLMNOPQRSTUVWXYZ

abcdefghijklmnopqrstuvwxyz

1234567890

い5色まで。画像、文字、背景の調和を保つには、1枚の画像や、プレゼンテーションで使用する一連の画像で使われている色を抜き取ってくるのが効果的です。

じつは最も効果的な色の組み合わせは、色相が同じで明度（トーンあるいは色価）と輝度（彩度）が異なる単彩色なのです。また、類似のカラースキーム――カラーホイール（色相環）で隣り合う色――を使うと、さりげなく、それでいて明確なコントラストを実現できます。目立つコントラストをつけたければ、カラーホイール上で向かい合って位置する補色を用いればよいでしょう。ただし、あまり目立ちすぎないよう慎重に。

スライドの背景や前景に用いる色についても、考慮しないといけません。一般的に、青、緑、銀色といった寒色は背景に、赤、黄、オレンジなどの暖色は前景に使用します。黒や白といった無彩色も背景向きといえるでしょう。データを提示するときは、メッセージと干渉しない単色を用いるとよいでしょう。

スライド「3分の1」法則を活用しよう

〝less is more〟の法則以外にも、文字と画像をうまく配置するための原則がいくつ

かあります。これはデザイン界で論争のネタになっているものですが、私は「3分の1の法則（3分割法）」の活用をお勧めします。**スライドを3×3の9等分し、できた格子を使って文字や画像の位置を揃えます。**各要素を複数のマス目にまたがるように配置してもかまいませんが、その場合は何らかの意図をもって意識的に行ってください。

たとえば、スライド全面に自然を写した1枚の写真を載せたと想像してください。その場合、水平方向に延びる2本の格子線《グリッド》のどちらかに地平線を合わせます。空がどんよりして単調なら、それを上の格子線に合わせます。空がドラマチックな模様を描いているなら、地平線を下の格子線に合わせます。

この格子を使うと、視線が集まる焦点《フォーカルポイント》がスライド上のどこにあるかが容易にわかります。それは5つあり、最初の4つは格子線の交点で、画像の重要な要素を配置する格好の場所となります。5つ目は少しわかりにくいのですが、スライドの視心で、中心よりも少し右上方にあります。

要点

できれば、スライドを使わないでプレゼンテーションをやってみよう。

スライドがどうしても必要なら、画像を主体にした文字の少ないシンプルなスライドを作ろう。

色・フォント・配置において、目立ちすぎないコントラストを意図的につけることで、キーポイントを強調する。

＊1　米国の起業家、作家。マーケティングの権威として知られる。"Permission Marketing : Turning Strangers Into Friends And Friends Into Customers"（『パーミッション・マーケティング』海と月社）など著書多数。TEDでのプレゼンテーションは「スライスしたパン」（TED2003）、「我々がリードする部族」（TED2009）。

＊2　日本語の「ゴシック体」がこれに当たる。

＊3　日本語の「明朝体」がこれに当たる。

第13章

恐怖心を克服しよう

CHAPTER 13

HOW TO OVERCOME YOUR FEAR

人前でスピーチをするのはどんな人にとっても、本当に怖いものです。それが道理にかなっているか、かなっていないかを考えてみたところで、恐怖が消えてくれるわけではありません。自分以外の多くの人たちも、人前でのスピーチなんて死ぬより恐ろしいと思っていることを知ったところで、何の役にも立ちません。ここでは、あなたの恐怖心をうまく扱えるようになる、貴重な、それでいて簡単なコツをいくつかお話ししましょう。

人前でスピーチをすることへの不安をコントロールするには、プレゼンテーション本番のずっと前から取り組まないといけません。とりわけ、ＴＥＤトークをしようというなら、**ダメだった点とその理由について中身の濃いフィードバックが得られる環境を整えて、少なくとも3回は練習しておくべきです。**

フィードバックを得るために、あなたは友人や同僚を集めればいいと思っているかもしれませんが、本当に中身の濃いフィードバックが得られる環境とは、たったひとりでもいいから、スピーチの専門家に聴いてもらえる環境のことです。何度も練習することによって、プレゼンの内容に精通し、自信が持てるようになります。語りかけるようなスピーチをめざしているわけですから、原稿を丸暗記したり、その場で読みあげたりするのはもってのほかです。

会場へは早めに到着して下見を済ます

会場に着くと、恐怖心はさらに強まるものです。スピーチは聴衆の前で行う一種のパフォーマンスです。舞台の演出家は幕が開く前にすべてが準備されていないといけないと言いますが、偉大なプレゼンターも自分のまわりのあらゆるものをすべて掌握しているものです。**会場の機器類や物理的な空間をよく把握し、必要なら変更を加えるだけの充分な時間が取れるように、早めに会場入りしておきましょう。**

機器類を使用する場合は、不備がないようにできるだけの手を打っておくべきです。マイクのテストを忘れないように。本番と同じモードでスライドを流してみて、コンピュータがきちんと機能するか、画像が期待通りに映しだされるかをチェックしておきましょう。人はいとも簡単に自己満足に陥ります。

かつて、あるプレゼンテーションで何の気なしに停止サインの図案を挿入し、そのままリハーサルをせずにいました。ところが、会社の幹部を前にしたプレゼンテーションで、とつぜんその停止サインが点滅しはじめたのです。私はショックと恐怖で身が縮まる思いがしました。さいわい、幹部たちはユーモアのセンスを持ち合わせていたため事なきを得ましたが、ものごとには慎重に慎重を重ねて取り組まなければいけないことを、私はその経験から学びました。

自分に与えられた環境を理解し、ときにはそれを変えてみることも、機器類のテストをするのと同じくらい重要なことです。あなたが自分の環境を変えられるかどうかは別にして、物理的スペースをどう使おうかとプランを立てる時間を取っておくべきです。たとえば、話をしながら自由に動きまわれるなら、立つ位置はどこにするか、どこを通って場所を移動するかはあなたが決めていいのです。与えられた環境を変えられるなら、椅子やテーブルの配置を変えたり、演壇を置いてみたり（あるいは取り去ったり）、可動式のホワイトボードの場所を動かしたりするのもよいでしょう。

冒頭は暗記し、概要を書いたメモを用意する

環境を掌握するため会場に早く到着していれば、それだけで自信が生まれ、その自信はプレゼンテーション本番まで持ち越されます。けれども、早く会場入りすることのすばらしい恩恵はそればかりではありません。いったん機器類と物理スペースを掌握してしまったら、そのあとは早く会場入りしたおかげで、スピーチをする前から聴衆と親密になれるというまたとないチャンスに恵まれます。聴衆の話し声に耳をすませていれば、あなたの味方になってくれる人がわかります。さらに彼らの考えや会話の内容をスピーチのなかに盛り込むこともできるのです。

本番のプレゼンテーションをはじめる瞬間がきたら、このことを思い出してください——聴衆はみんなあなたのプレゼンがうまくいってほしいと思っている。プレゼンテーションの内容全部を丸暗記することはお勧めしませんが、**冒頭の部分だけは暗記しておいたほうがよいでしょう。**最初の部分をしっかりはじめられたら、あなたの自信はその先までずっと続きます。

ここで貴重なアドバイスをひとつ。**たとえ使うことはなくても、スピーチの概要を書いたメモをポケットに忍ばせておきましょう。**それが必要になることはなかったとしても、ポケットにメモがあると思えば、それが心の支えになります。あなたがスピーチを完全にマスターし、充分に自信がついたら、専門家たちの慣習にならい、ステージに出るまえにポケットを空にしておきましょう。

最後に、緊張すると人は早口になりがちだということを覚えておきましょう。話すスピードを落とし、間《ま》を自由に使いこなしましょう。間を置くことで、聴衆はあなたのメッセージに追いつくことができ、あなたには意識的にゆっくりと呼吸をする時間が与えられます（この場合の間は、「間もたせの言葉」を駆除するための〝一気に話し、適度に間を置く〟テクニックの一部でもあります）。

要点

中身の濃いフィードバックが得られる環境で、最低3回はスピーチの練習をしよう。

会場には早めに到着し、機器類に慣れ、聴衆に親しんでおこう。

スピーチの前に思い出そう。聴衆はみんなあなたのプレゼンがうまくいってほしいと思っていることを。

第14章

本を置いて話しはじめよう

CHAPTER 14

STOP READING AND START SPEAKING

本書を執筆するにあたって、私は徹底的にＴＥＤのビデオを研究しました。それはもう数えきれないほどのビデオを見ました。

とはいえ、ＴＶ番組の「アイアンシェフ（料理の鉄人）」を何度も見たところで腕のいい料理人になれないのと同じで、一流のプレゼンターのビデオを山ほど見たからといって偉大なプレゼンターになれるわけではありません。

スピーチに関する本をいくら読んだところで、それだけでは一流の話し手にはなれません。あなたに必要なのは、ダメな点について中身の濃いフィードバックが得られる環境で、とにかく練習することです。

さあ、あなたのアイデアを多くの人に広めましょう！

訳者あとがき

みなさんはTEDトークの動画をご覧になったことがありますか?

TEDトークはその動画がインターネットに無料配信されています。誰でも自宅に居ながら、好きな格好で「世界を変えようとする人たち」のプレゼンを見ることができるのです。日本では、NHKの「スーパープレゼンテーション」という番組で毎週その一部を見ることもできます。しかも、TEDのサイトでは、そのスクリプトが各国語に翻訳されていますから、日本語でその内容を知ることもできます。便利な世の中になりました。

このTEDトークから、人をインスパイアするプレゼンテーションのヒントをいただこう――それが本書の狙いです。ここにはプレゼンを準備する（内容を考える）段階と、実際にアイデアを伝える（プレゼンを行なう）段階において、覚えておきたいさまざまなテクニックが、とてもコンパクトにまとめられています。

プレゼンに関する本はあまたありますが、本書はこうした特徴から、ほかではできない2通りの活用法をしていただけます。ひとつは、本書のなかで紹介されているTEDの動画を見ながら、じっくり内容を吟味すること。「百聞は一見にしかず」ならぬ「百読は一見にしかず」。動画の力は絶大です。TEDに登場するプレゼンターたちのトークを聴き、話す姿を見れば、本書に書かれている内容がすんなりと理解できるはずです。ひょっとすると、TEDの動画を見ているうちに、本書にも書かれていないプレゼンテーションのコツを、あなた自身が見つけだすかもしれません。

もうひとつは、とてもコンパクトな本ですので、プレゼン原稿をつくる際にも、プレゼン会場に向かう際にも、いつも手元に置いて、気になる点を何度もチェックしていただくことができます。内容も簡潔にまとめられていますから、読むのにさほど時間もかかりません。

本書で紹介されているプレゼンターは、そのほとんどが動画の視聴数でつねにトップ20にはいっている人たちです。ここで、著者が参考にしたと思われる2011年の順位（原書は2012年3月刊行）をあげておきましょう。

1. ケン・ロビンソン「学校教育は創造性を殺してしまっている」（TED2006）
2. ジル・ボルト・テイラーのパワフルな洞察の発作（TED2008）
3. プラナフ・ミストリー「次なる可能性を秘めたSixthSenseテクノロジー」（TED India2009）
4. パティ・マース（とプラナフ・ミストリー）による「第六感」デバイスのデモ（TED2009）
5. デイビッド・ガロ「水中の驚き」（TED2007）
6. アンソニー・ロビンズ「何が人を動かすのか」（TED2006）
7. ハンス・ロスリング「最高の統計を披露」（TED2006）
8. アーサー・ベンジャミンが行う「数学手品」（TED2005）
9. ジェフ・ハンの画期的なタッチスクリーン（TED2006）
10. ジョニー・リーが披露するWiiリモコンHack（TED2008）

11. ブレイス・アグエラ・ヤルカス　Photosynthを実演説明（TED2007）
12. エリザベス・ギルバート「創造性をはぐくむには」（TED2009）
13. ダン・ギルバート「私たちが幸せを感じる理由」（TED2004）
14. スティーブン・ホーキング「宇宙に関する大きな疑問を問う」（TED2008）
15. ダニエル・ピンク「やる気に関する驚きの科学」（TED Global2009）
16. バリー・シュワルツ氏が語る、選択のパラドックスについて（TED Global2005）
17. リチャード・セント・ジョン「成功者だけが知る、8つの秘密！」（TED2005）
18. メアリー・ローチ「あなたの知らないオーガズムに関する10の事実」（TED2009）
19. サイモン・シネック「優れたリーダーはどうやって行動を促すか」（TEDx Puget Sound）

20. チママンダ・アディーチェ「シングルストーリーの危険性」（TED Global 2009）

いずれもすばらしい内容ばかりで、多くの人々に支持されている理由が納得できます。とりわけ、プラナフ・ミストリーの〝第六感〟テクノロジーは、プレゼンのテクニックを学ぶという本来の目的を忘れて見入ってしまうのではないでしょうか。

ここにあげたのは２０１１年のリストですが、２０１２年のトップ20を見ても、若干の順位変動はあるものの、登場する顔ぶれはほとんど変わっていません。本書に登場するブレネー・ブラウン「傷つく心の力」は２０１０年の TEDx Houston でのスピーチで、２０１２年には8位に入っています。

もうひとり、２０１２年のトップ20で目を引くのが、スティーブ・ジョブズです。彼がスタンフォード大学の卒業式で行ったスピーチが２０１２年の9位にランクされています。もうお気づきですね。これはＴＥＤトークではありません。ＴＥＤで行われたスピーチでないものも、動画が多くの人に視聴されているものについては、ＴＥＤのサイトでも取りあげているのです。

また、ＴＥＤのサイトで［Most viewed］を見ていただけば、現在人気の高いプレゼンターたちをチェックできるようになっています。

ところで、本書の著者であるジェレミー・ドノバンは、ＩＴ分野のリサーチ・アドバイザリ企業、ガートナー社（Gartner）のマーケティング担当副社長を務める一方で、ＴＥＤｘイベントのオーガナイザーとして、さらには講演家としても活躍している人物です。では、本書の著者はいったいどんなスピーチをするのでしょう。これも動画でご覧いただけます。彼がTEDx AsylumHillで行ったスピーチがＹｏｕＴｕｂｅにあがっていますので、興味のある方は一度ご覧になってみてください。

ではここで、本書の内容について少し触れておきましょう。

本書はアメリカ人の著者が英語でのスピーチを前提にそのノウハウを解説した本なので、日本人のみなさんには少し理解しにくいとか、頭では理解できても実践するのは難しいなと思われる内容もあるかと思います。その点をふまえて、少し補足していきましょう。

第3章で、著者はキャッチフレーズを作ることを推奨し、そのためのテクニックをいくつか紹介してくれています。とはいえ、みなさんのなかには、ハードルが高いなあと感じている方も多いでしょう。

まず、「3語から12語で」とありますが、これはもちろん英単語での話です。日本語では、「できるだけ短めに」と理解してもらえばよいと思いますが、それでも、日本語と英語の言語構造の違いや国民性の違いを考えると、「Yes, We Can」のような簡潔でかつインパクトの強いフレーズを考えだすのは難しいですね。でも、あきらめないで。たとえば、「飲んだら乗るな、乗るなら飲むな」(押韻の例)といった標語や、CMのキャッチコピーなどに日頃からアンテナを張っておけば、いざというときにピタッとくるフレーズが思い浮かぶかもしれません。

また、効果的なレトリックのひとつとして首句反復を取りあげています。本書では『二都物語』を例にあげていますが、これも圧倒的に英文のほうが効果を実感できますね。でも、こんな例もあります。日本人のスピーチではありませんが、マーティン・ルーサー・キング・ジュニアの有名な演説、「私には夢がある」(全訳がさまざまな書籍あるいはインターネット上で紹介されています)。これは英語の「I Have a Dream」を訳したものですが、日本語でも英語と同じくらい強いインパクトを与え、人々の記憶に残る名言となっています。

第11章で学ぶテクニックは、効果的なジェスチャーやボディ・ランゲージの使い方。本書の特徴が最大限に活かされた章だと言えます。ジェスチャーや間《ま》の取り方なんて、文章でいくら説明されてもピンとこないこともあるでしょう。でも、動画を見れば一目瞭然です。しかも、ジェスチャーやステージの使い方にしろ、言葉を発するタイミングにしろ、達人というべきプレゼンターを厳選して紹介してくれているのです。本書は見た目はコンパクトでも、とてもお得な1冊だということがおわかりいただけるでしょう。

第12章では、おもに効果的なスライドの作り方について解説しています。著者は「スライドを用いないのが最善の選択」としながらも、現実にはなかなかそうもいかないことをちゃんとふまえて、適切なアドバイスをしてくれています。著者はまず「スライドを用いない」に次ぐセカンドベストとして「シンプルな絵」をあげています。文章を読んだだけではピンとこないかもしれませんが、サイモン・シネックのプレゼン動画を見れば、なぜこれがお勧めなのか、すぐに納得がいくでしょう。

画像主体のスライドを活用した代表例としては、セス・ゴーディンのプレゼンをあげています。TED2003の「スライスしたパン（How to Get Your Ideas to Spread)」とTED2009の「我々がリードする部族（The Tribes We Lead)」というタイトルで、もちろんどちらもTEDのサイトでご覧いただけます。うまいなあ、と思わず感嘆してしまうスライドです。この域に達するのはなかなか難しいでしょうが、楽しみながら見ているうちに、何かしらヒントがつかめるかもしれません。

この章の後半では、スライドに用いるフォントについて触れています。残念ながら欧文でスライドを作る場合にしか使えなさそうな内容ですが、ここで少し補足をしておきましょう。本文中に出てくる「サンセリフ体」というのは日本語用のフォントでいうと、ゴシック体にあたります。「セリフ体」は明朝体です。つまり、〝Helvetica〟をゴシック体に、〝Times New Roman〟を明朝体に置きかえて本文を読んでいただければ、理解していただきやすいと思います。

第13章では、プレゼンの際の恐怖をどう克服するかについてアドバイスをしています。「本番前の練習量と不安の大きさは反比例する」といった内容はほかでも語られることが多いでしょうが、本書では「会場になるべく早めに入り、使用する機器類に慣れ、物理的な空間を把握し、できれば聴き手を知っておく」という、とても具体的で、当たり前のことのようでもついついおろそかにしてしまいがちな点を指摘しています。そして、最後に素敵なアドバイス。「聴衆はみんなあなたのプレゼンがうまくいってほしいと思っている」。これを本番前に思い出すだけでも、ずいぶんと心が落ち着くのではないでしょうか。

本書はコンパクトながら、プレゼンテクニックのエッセンスがいっぱいに詰まった本です。そのテクニックは、プレゼンテーションにかぎらず、就職や転職の際の自己PRや、人を説得するさまざまな場面で活用していただけるはずです。みなさんがTEDプレゼンターのような自信に満ちあふれた姿で「説得の場」に臨めるよう、本書がその一助になればと心から願っています。

2013年6月

中西真雄美

装幀　新潮社装幀室

TED トーク
世《せ》界《かい》最《さい》高《こう》のプレゼン術《じゅつ》

ジェレミー・ドノバン

中《なか》西《にし》真《ま》雄《ゆ》美《み》訳

発　行　2013．7．20
22　刷　2021．5．25

発行者　佐藤隆信

発行所　株式会社新潮社　郵便番号162-8711　東京都新宿区矢来町71
電話：編集部　03-3266-5611
読者係　03-3266-5111
http://www.shinchosha.co.jp

印刷所　錦明印刷株式会社

製本所　株式会社大進堂

ISBN978-4-10-506491-4　C0098